Editora responsable
Ana Doblado

Corrección de textos
María Forero y La Vieja Factoría

Realización de parte de las fotografías,
maqueta y pruebas de color
Concha López

Revisión de diseño y maquetación
Myriam Sayalero

Nuestro agradecimiento a Jesús Vega
por su ayuda en la elaboración
de recetas y decoración de platos,
y a la tienda Casa por la aportación de la vajilla.


Tikal Ediciones
Campezo 13 - 28022 Madrid (España)
Tel. 91 3009100 - Fax 91 3009118

# Pinchos y tapas

TIKAL

# Sumario

# Introducción

Por toda la geografía española existe la costumbre de tomar el aperitivo, que dependiendo de la región recibe diferentes nombres. El origen de la tapa nace en la época de Alfonso X. El monarca aconsejaba acompañar el vino con algún alimento sólido, como fiambre, queso o una loncha de jamón, que al mismo tiempo servía para tapar la jarra y evitar que cayeran impurezas.

La bebida clásica que acompaña a la tapa es el vino, normalmente el propio de la región: el chacolí en el País Vasco; el jerez fino en Andalucía; el penedés en Cataluña; el rioja en las dos Castillas, el ribeiro en Galicia...

El tapeo es un rito que se desarrolla frente a la barra de un bar y que conjuga una tertulia animada, un vaso de buen vino y una extensa variedad de tapas que abarca toda clase de alimentos.

La tapa es en la actualidad uno de los «inventos» que gozan de más aceptación, tanto dentro como fuera de nuestras fronteras. Quién no ha disfrutado de una tapa de morcilla frita, callos, mollejas, tortilla de patata u oreja de cerdo a la plancha.

El pincho *(pintxo)* y lo que representa, gran hallazgo del País Vasco, es más reciente. Nace en el extrarradio de la capital donostiarra y alude a una variedad extraordinaria de tapas con gran contraste de aromas, colores y ricos sabores.

San Sebastián pone al alcance de quien quiera recorrer sus barrios e innumerables establecimientos una variadísima gama de pinchos. Invita a saborear un suculento tentempié antes de la comida principal, haciendo un típico recorrido que se podría llamar «la ruta del *pintxo*».

# La decoración de los platos

# Técnicas de decoración · Paso a paso

La decoración es uno de los puntos más importantes que hay que tener en cuenta a la hora de presentar los pinchos. Una correcta combinación de texturas y sabores hará que las tapas resulten más atractivas y apetitosas.

La decoración, sin embargo, no presenta gran dificultad, dado el tamaño de los pinchos y la escasez de posibilidades a la hora de mezclar los ingredientes.

Para conseguir pinchos tan atractivos como los que aparecen en estas páginas, bastará con que escoja siempre productos frescos y de buena calidad y siga paso a paso las indicaciones de las recetas.

En este apartado mostramos dos tipos de decoración: uno que enseña cómo realzar un plato, y otro con las indicaciones necesarias para decorar la mesa.

Una manera sencilla y atractiva de decorar un plato es hacer una cestita con un limón.

Si lo que desea es decorar la mesa, lo mejor es recurrir a algo más espectacular, como puede ser la decoración que le presentamos del pincho Gilda o las ruedas de boquerones en vinagre.

## Rueda de boquerones en vinagre

1. Los ingredientes que necesita para hacer la rueda de boquerones en vinagre son: aceitunas, boquerones en vinagre y tomatitos cherry.

2. Para hacer cada banderilla pinche con un palillo los tres ingredientes y haga tantos pinchos como desee.

3. Una vez hechos todos los pinchos, colóquelos sobre una fuente o plato grande, intentando que los pinchos queden siempre en la misma posición.

4. La siguiente rueda de pinchos puede colocarla sobre los anteriores o hacia el centro de la fuente tantas veces como desee.

# Gilda

1. Disponga sobre un plato una aceituna, una guindilla, un trocito de pimiento del piquillo, una cebollita y un pepinillo.

2. A continuación vaya pinchando con un palillo los ingredientes según el orden indicado arriba.

3. Una vez ensartados todos los ingredientes, obtendrá el pincho Gilda.

4. Si quiere conseguir un efecto aún más espectacular, clave los pinchos en un limón.

# Cesta de limón

1. Corte con un cuchillo bien afilado un polo del limón. Por el otro lado, haga dos cortes hasta un poco más de la mitad.

2. Desde el final de cada corte, deberá realizar pequeños cortes formando picos de igual profundidad.

3. Deseche la parte sobrante del centro.

4. De esta forma habrá obtenido la cestita de limón.

Son muchas y muy variadas las técnicas de decoración para dar toques especiales a sus platos. No siempre son difíciles, y con utensilios especiales son muy sencillas de preparar.

El tomate, utilizado en muchos platos, no sólo se puede escaldar para desprender la piel con facilidad, sino que también, como demostramos a continuación, siguiendo unos pasos muy sencillos puede conseguir una atractiva decoración en forma de flor.

Las empanadillas son muy socorridas y un buen tentempié. Con ingredientes que suelen ser habituales en todos los hogares y una masa de fácil conservación, podrá conseguir unas deliciosas empanadillas siguiendo la receta o bien improvisando con cualquier otro ingrediente.

Muchas veces nos resulta un tanto incómodo hacer las croquetas por ser muy engorrosa su preparación. Siguiendo la técnica que le mostramos, no tendrá necesidad de mancharse las manos y podrá hacer las croquetas de una manera más higiénica utilizando una manga pastelera con una abertura del grosor que desee para las croquetas.

# Flor de tomate

1. Elija un tomate duro pero no demasiado maduro. Lave el tomate, séquelo y marque la piel sin profundizar, con la ayuda de un cuchillo bien afilado, de forma que quede dividido en 6 partes.

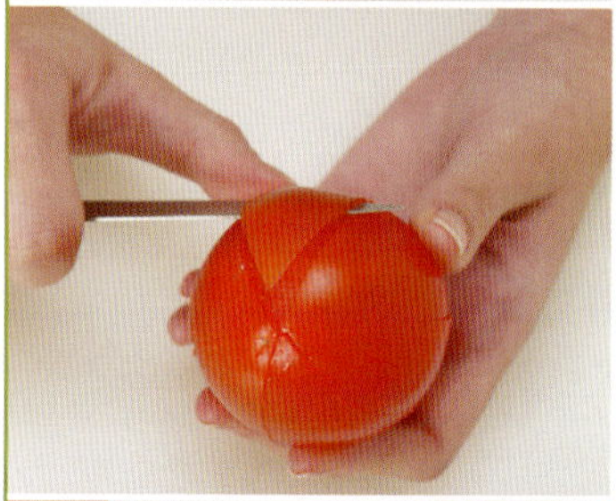

2. Separe en pétalos cada una de las partes hasta la mitad del tomate; tenga cuidado de no tocar excesivamente la pulpa.

3. Abra los 6 pétalos hasta formar una flor.

# Empanadillas

1. Separe la masa especial para empanadillas.

2. Coloque una pequeña cantidad del sofrito sobre la masa para que a la hora de cerrarlas no se salga.

3. Doble la masa y séllela con la ayuda de los dientes de un tenedor.

# Croquetas

1. Prepare con antelación la masa de croquetas y colóquela en una manga pastelera una vez fría. Extienda sobre una bandeja una capa fina de pan rallado y haga tiras de masa sobre éste del grosor y largo deseado.

2. Corte con un cuchillo las tiras dividiéndolas en partes del mismo tamaño.

3. En un cuenco bata 1 huevo, 1 cucharada de harina y 3 de agua, páselas por la mezcla, vuelva a poner las croquetas en la bandeja con pan rallado, rebócelas y fríalas en abundante aceite caliente.

# Técnicas de elaboración

## Paso a paso

Las técnicas de elaboración de los pinchos son sencillas. Lo más importante es utilizar siempre productos frescos y de gran calidad.

Pueden servirse fríos o calientes, su tamaño es pequeño, ya que suelen tomarse de pie, en comidas informales o como aperitivo. La presentación es otro factor que determinará el éxito de estas pequeñas creaciones; pescados, carnes o mariscos pueden combinarse con verduras –como espárragos, pimientos del piquillo–, que aportarán un toque de color.

Uno de los pinchos más típicos y característicos de Navarra es el San Fermín, un gracioso muñeco de fácil elaboración que hace mención a una de las fiestas más famosas del mundo.

Los diferentes certámenes culinarios incitan a los cocineros a elaborar pinchos cada vez más sofisticados; como el bacalao envuelto en crepes.

La chistorra se suele consumir cocida o frita debido a que está menos curada. Aquí la hemos preparado envuelta en hojaldre y horneada. Esta delicia culinaria se puede presentar sobre una rebanada de pan, pinchada en un palillo, en brocheta o servida en recipientes pequeños.

### San Fermín

1. Cueza los huevos. Pélelos, corte los polos y resérvelos para utilizarlos posteriormente de chapela (tapa).

2. Parta por la mitad los huevos y retire las yemas.

3. Rellene los huevos, con la ayuda de una cucharilla, con la mezcla previamente preparada (*véase* pág. 206).

4. Pinche las aceitunas en los palillos de modo que sobresalga la punta de éstos. Clávelos en los huevos.

5. Coloque las chapelas reservadas pinchándolas en la punta de los palillos y termine el pincho colocando una tira de pimiento del piquillo como pañuelo.

# Paquetitos de bacalao

1. Estire las crepes sobre una superficie lisa y coloque una cucharada del relleno (*véase* pág. 95) en el centro.

2. Doble las crepes formando paquetitos.

3. Sujete los paquetitos pinchando dos palillos en cada crepe.

# Hojaldre con chistorra

1. Estire el hojaldre sobre una superficie lisa y córtelo en rectángulos del mismo largo que las chistorras, pincélelos con yema de huevo batida.

2. Coloque los trozos de chistorra sobre el hojaldre.

3. Enrolle la chistorra con el hojaldre formando un rulo.

4. Pincele los rulos con yema batida e introdúzcalos en el horno hasta que se dore el hojaldre.

# Pinchos y tapas con verdura

# Espárragos trigueros

## Ingredientes

*Espárragos trigueros*
*Pimiento del piquillo*
*Jamón de Jabugo*
*Galletitas saladas*

## Preparación

1. Lave los espárragos trigueros y utilice solamente las puntas.
2. En un recipiente con agua ligeramente salada, hierva los espárragos hasta que estén en su punto y déjelos enfriar.
3. Coloque sobre la galletita un trocito de pimiento del piquillo; a continuación, envuelva el jamón de Jabugo alrededor de la punta de espárrago y colóquelo sobre el pimiento.
4. Si lo desea, decore el plato con medio limón y un trocito de pimiento enrollado.

# Espárragos rellenos de anchoas

## Ingredientes

*4 espárragos blancos gruesos*
*150 g de anchoas*
*Harina*
*2 huevos*
*Pan rallado*
*Aceite de oliva*
*Zumo de 1/2 limón*

## Preparación

1. Pele los espárragos y córteles la parte más dura procurando dejarlos del mismo tamaño. Póngalos a cocer en un cazo hasta que estén al dente. Escúrralos y ábralos por la mitad.
2. Corte las anchoas en tiras y rellene con ellas los espárragos.
3. Empane los espárragos con harina, huevo batido y pan rallado, y fríalos en una sartén con aceite caliente hasta que se doren.
4. Dispóngalos sobre papel de cocina para eliminar el exceso de aceite y aderécelos con zumo de limón.

Nota: no es necesario sazonarlos, ya que las anchoas aportan suficiente sal.

# Pimientos del piquillo y verdes

## Ingredientes

*Pan*
*Pimientos verdes*
*Pimientos del piquillo*
*Aceite de oliva*
*Chatka (carne de cangrejo)*
*Salsa mayonesa*
*Huevo*
*Limón*

## Preparación

1. Lave los pimientos verdes, corte la parte superior y quite las semillas del interior.
2. En una sartén, caliente el aceite, fría los pimientos a fuego moderado hasta que estén blandos y reserve.
3. Escurra los pimientos del piquillo si son enlatados. Si están crudos, áselos en el horno hasta que la piel se desprenda fácilmente. Retire la piel una vez fríos y reserve.
4. Mezcle la carne de cangrejo y la mayonesa hasta obtener una masa homogénea.
5. Rellene los pimientos con la masa.
6. Coloque los pimientos sobre las rebanadas de pan y dispóngalos sobre una fuente alternando los colores.
7. En un cazo, cueza el huevo aproximadamente 10 minutos. Desprenda la cáscara y corte pequeños triángulos.
8. Adorne los pimientos con el huevo y una cestita hecha con un limón.

# Pimientos del piquillo rellenos

## Ingredientes

*Bonito en escabeche*
*Cebolla*
*Salsa mayonesa*
*Salsa tártara*
*Pimientos del piquillo de Mendavia*
*Vinagre*
*Sal*

## Preparación

1. Desmigue el bonito y pique la cebolla muy fina.
2. Mezcle ambos ingredientes junto con un poquito de salsa mayonesa.
3. Añada un poco de vinagre y de salsa tártara a la mezcla. Reserve.
4. Escurra los pimientos del piquillo si son enlatados. Si están crudos, áselos previamente en el horno hasta que se desprenda la piel fácilmente.
5. Rellénelos con la mezcla y sazónelos al gusto con un poquito de sal.

# Mousse de pimientos del piquillo

## Ingredientes

*Volovanes de hojaldre*
*Pimientos del piquillo frescos*
*Ajo*
*Sal*
*Azúcar*
*Aceite de oliva*
*Cebolla*
*Nata*
*Huevos*
*Pimienta*
*Caviar*

## Preparación

1. Lave los pimientos, añada sal, ajo y azúcar y hornee durante unos minutos hasta que la piel se desprenda fácilmente.
2. En una sartén, caliente el aceite y añada la cebolla cortada finamente.
3. Una vez la cebolla esté bien pochada, añada los pimientos y la pimienta a su gusto.
4. Pase toda la mezcla por la batidora y después por el chino para que quede un puré ligero.
5. En un recipiente bata los huevos y la nata, agregue el puré de pimientos y métalo en el horno al baño maría 1 hora aproximadamente.
6. Rellene los volovanes con la pasta preparada y decore con un poquito de caviar.

# Brocheta vegetal con gambas

## Ingredientes

*Champiñones*
*Gambas*
*Pimientos verdes de Guernica*
*Pimientos rojos picantes*
*Sal gorda*
*Ajos*
*Perejil*
*Aceite de oliva*
*Vinagre*

## Preparación

1. Coloque en un palillo especial para brochetas un champiñón, el pimiento verde de Gernika, una gamba, un pimiento rojo picante, otro champiñón y termine con otra gamba.
2. Haga las brochetas a la plancha. Una vez terminadas, aderece con sal gorda.
3. Si prefiere la brocheta con salsa, pique el ajo y el perejil finamente, añada el vinagre y bata con un batidor mientras agrega el aceite de oliva poco a poco.

# Brocheta de verduras

## Ingredientes

*Alcachofas*
*Espárragos*
*Huevos*
*Anchoas*
*Aceite de oliva*
*Vinagre*
*Cebolla*
*Pimientos del piquillo*
*Sal*

## Preparación

1. Si las alcachofas están crudas, cuézalas previamente; también puede utilizarlas preparadas y enlatadas.
2. Cueza los huevos en abundante agua durante 10 minutos.
3. Inserte una alcachofa partida por la mitad en un pincho.
4. A continuación coloque un trozo de espárrago.
5. Añada otra alcachofa.
6. Por último pinche un trozo de huevo duro y ponga una anchoa sobre la brocheta.
7. En un cuenco mezcle la cebolla bien picada, el pimiento del piquillo en trozos pequeños, el vinagre, la sal, el aceite de oliva y viértalo por encima de la brocheta.

# Conos de berza con morcilla

## Preparación

1. Seleccione diferentes tipos de morcilla. Cuézalas para desengrasarlas.
2. Retire la piel de las morcillas una vez frías y mezcle la carne.
3. En una cacerola, cueza las hojas de la berza hasta que queden blandas.
4. Coloque la carne de morcilla en las hojas de berza y sírvalo caliente.

## Ingredientes

*Morcilla*
*Berza*

# Champi chapela

## Ingredientes

*Champiñones*
*Sal*
*Aceite de oliva*
*Pimienta blanca*
*Ajo*
*Jamón serrano picado*
*Besamel espesa*
*Jamón de Jabugo*
*Harina*
*Huevo*
*Pan rallado*

## Preparación

1. Limpie los champiñones, retire los pies y aderece la mitad de las chapelas (los sombreros) con un poco de sal, pimienta y unas gotas de aceite de oliva.
2. Pele un ajo, píquelo y échelo por encima.
3. Pique unos trocitos de jamón y añádalos.
4. En una cazuela ponga un poco de aceite de oliva. Caliéntelo con cuidado de que no se queme. Cuando esté bien caliente, añada unas cucharadas de harina y deje que se dore un poquito. Baje el fuego y agregue un poco de leche removiendo todo el tiempo hasta que se haga una besamel espesa. Sazone al gusto.
5. Ponga un poco de besamel encima del jamón.
6. Coloque la otra mitad de las chapelas a modo de tapa sobre las otras rellenas y apriete un poquito.
7. Reboce en harina, huevo y pan rallado.
8. Fríalos en una sartén con abundante aceite de oliva bien caliente.
9. Adorne el pincho con un poco de jamón en forma de flor.

# Champiñón relleno

## Ingredientes

| | |
|---|---|
| Champiñones | Ternera, pavo o pescado |
| Cebolla | Salsa besamel |
| Pimientos rojos y verdes | Pan rallado |
| Aceite de oliva | |

## Preparación

1. Corte los pies de los champiñones.
2. Pique finamente la cebolla junto con los pimientos verdes y rojos.
3. Corte la ternera en trocitos.
4. Haga a fuego lento los pies de los champiñones con la verdura picada y la ternera. Se puede utilizar igualmente pavo o pescado.
5. Prepare una rica masa con todo ello y reserve para rellenar los sombreros de los champiñones.
6. Prepare una salsa besamel (*véase* pág. 30, paso 4).
7. Una vez rellenos los champiñones, páselos por la besamel y luego por pan rallado para empanarlos.
8. Fríalos en una sartén con abundante aceite de oliva y sírvalos bien calientes.

# Pincho de champiñón rebozado

## Ingredientes

*8 champiñones*
*1/2 cebolla*
*2 dientes de ajo*
*1/2 puerro*
*2 lonchas de jamón serrano*
*2 huevos*
*Aceite de oliva y mantequilla para freír*
*Pan rallado*

*Para la besamel:*
*Una nuez de mantequilla*
*50 g de harina*
*1/2 l de leche*
*Sal*
*Pimienta*
*Nuez moscada*

## Preparación

1. Limpie los champiñones con la ayuda de papel de cocina; separe los sombreros de los pies y pique estos últimos.
2. Pique igualmente la cebolla, el ajo, el puerro y el jamón, y rehogue todo junto con los pies de los champiñones en una sartén con aceite y mantequilla. Reserve.
3. Prepare una besamel en un cazo mezclando la mantequilla derretida con la harina y la leche. Salpimiente y añada una pizca de nuez moscada. Remueva bien para que no salgan grumos.
4. Separe la besamel en dos partes y mezcle una de las partes con el sofrito reservado. Rellene con esta mezcla los sombreros y únalos de dos en dos con palillos. Reboce los pinchos con la besamel reservada y déjelos enfriar.
5. Una vez fríos, pase los pinchos por huevo batido y pan rallado, y fríalos en una sartén con aceite caliente. Escúrralos sobre papel de cocina antes de servir.

# Gilda

## Ingredientes

*Aceitunas grandes*
*Guindillas*
*Pimientos*
*del piquillo*
*Cebollitas*
*Pepinillos*

## Preparación

1. Si utiliza pimientos frescos, áselos durante unos minutos en el horno dándoles vueltas de vez en cuando. Cuando estén fríos, separe la piel. También pueden utilizarse enlatados.

2. Utilizando un palillo, introduzca suavemente una aceituna, una guindilla, un pimiento del piquillo previamente enrollado, una cebollita y finalmente el pepinillo.

3. Este pincho se puede presentar sobre un plato o bien, si quiere que le sirva como decoración, clavar varios en un limón.

# Hojaldre con verduras y foie caramelizado

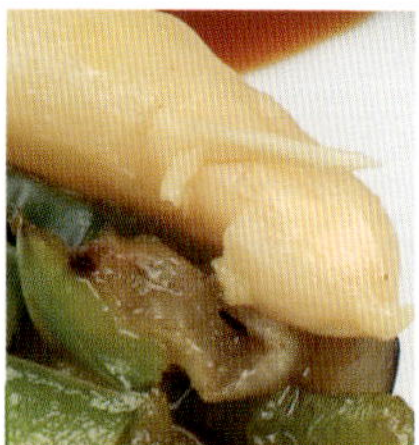

## Ingredientes

*1 cebolla*
*1 berenjena*
*1 pimiento verde*
*Aceite de oliva*
*400 g de foie*
*400 g de azúcar moreno*
*4 barquitas de hojaldre*
*4 espárragos blancos en tiras*

## Preparación

1. Pele la cebolla y la berenjena, y quite las semillas del pimiento verde.
2. Pique finamente la cebolla, el pimiento verde y la berenjena, y póchelos en una sartén con aceite caliente. Reserve.
3. Caramelice el foie espolvoreándolo con azúcar moreno y derritiéndolo con un soplete.
4. Coloque las verduras previamente preparadas en las barquitas de hojaldre y añada a cada una un espárrago y un trozo de foie caramelizado.

# Montadito de hojaldre con calabacín y setas

## Ingredientes

*Una lámina de hojaldre*
*1 huevo*
*4 setas de cardo*
*1 calabacín*
*Aceite de oliva*
*Sal*
*4 lonchas de jamón serrano*

## Preparación

1. Extienda la lámina de hojaldre y córtela en ocho cuadrados del mismo tamaño.
2. Coloque los cuadrados sobre la placa del horno, pincélelos con huevo batido y hornéelos a 250 °C hasta que se doren.
3. Limpie las setas con la ayuda de papel de cocina y córtelas en trozos junto con el calabacín pelado.
4. En una sartén con aceite caliente, poche las setas y el calabacín. Retire con la ayuda de una espumadera y sazone. Ponga una pequeña cantidad de sofrito sobre los cuadrados de hojaldre. Coloque encima una loncha de jamón y tape el pincho con otro cuadrado de hojaldre.

# Montadito de calabacín con gulas

## Ingredientes

*1 calabacín*
*Harina*
*2 huevos*
*Aceite de oliva*
*100 g de gulas*
*1 diente de ajo*
*Guindilla*
*Queso rallado para gratinar*

## Preparación

1. Lave el calabacín y córtelo en rodajas. Páselo por harina y huevo batido y fríalo en una sartén con aceite caliente hasta que se dore.
2. Sáquelo de la sartén y colóquelo sobre papel de cocina para eliminar el exceso de aceite.
3. Haga las gulas en una sartén con un chorro de aceite y el ajo y la guindilla picados.
4. Ponga una rodaja de calabacín en la placa del horno, añada unas cuantas gulas, otra rodaja de calabacín y termine con una capa de gulas. Haga de la misma forma varios montaditos y espolvoréelos con queso rallado.
5. Introduzca la placa en el horno y gratine los pinchos hasta que se doren.

# Banderillas de tomate y queso fresco

## Ingredientes

*8 tomatitos cherry*
*Aceite de oliva*
*Un ramillete de albahaca*
*200 g de queso fresco*

## Preparación

1. En un recipiente ponga a marinar los tomates durante 2 horas cubriéndolos con aceite de oliva y albahaca.
2. Transcurrido el tiempo, corte el queso en cubitos y pínchelos en palillos alternando el queso con los tomates.
3. Termine las banderillas pinchando una hoja de albahaca.

# Alcachofas rellenas de roquefort

## Ingredientes

4 alcachofas
Zumo de 1 limón
100 g de queso roquefort
2 huevos
4 lonchas de beicon
Harina
Aceite de oliva
Sal

## Preparación

1. Deseche las hojas más duras de las alcachofas, lave los corazones y riéguelos con zumo de limón para que no se ennegrezcan.
2. Ponga a cocer las alcachofas en un cazo con agua y sal durante 20-25 minutos, escúrralas y déjelas enfriar.
3. Parta el queso en taquitos y rellene las alcachofas. A continuación, envuélvalas con una loncha de beicon, páselas por harina y huevo batido, y fríalas en una sartén con aceite caliente.

# Pincho de berenjena con queso fundido

## Ingredientes

*1 berenjena*
*1 tomate*
*4 lonchas de beicon*
*4 lonchas de queso para fundir*
*Aceite de oliva*
*Pan*

## Preparación

1. Lave la berenjena y córtela en rodajas del mismo tamaño. Fría las rodajas en una sartén con aceite caliente hasta que se doren. Escúrralas sobre papel de cocina y reserve.
2. Lave el tomate y córtelo en rodajas.
3. En una sartén con aceite caliente, fría el beicon hasta que quede crujiente.
4. Corte el pan en rebanadas y coloque sobre cada una de ellas una rodaja de tomate, una de berenjena y, sobre ésta, una loncha de beicon.
5. Cubra los pinchos con queso para fundir y gratínelos en el horno.

# Pinchos y tapas con patata

# Rodajitas de patata gratinadas con jamón y setas

## Ingredientes

*3 patatas*
*Aceite de oliva*
*75 g de setas de cardo*
*8 lonchas de jamón serrano*
*Para la salsa:*
*1 huevo*
*Aceite de oliva*
*Sal*
*Zumo de 1/2 limón*
*200 g de nata líquida*

## Preparación

1. Pele las patatas, lávelas y córtelas en rodajas muy finas. Fríalas en una sartén con abundante aceite caliente y, cuando estén listas, sáquelas de la sartén con la ayuda de una espumadera y colóquelas sobre papel de cocina para eliminar el exceso de aceite.
2. Limpie las setas con papel de cocina y hágalas en una sartén con un poco de aceite caliente.
3. Disponga una rodajita de patata en la placa del horno, coloque encima unas cuantas setas y una loncha de jamón, y acabe con otra rodaja de patata; haga otra capa de la misma manera.
4. Prepare tantos pinchos como desee y colóquelos sobre la placa. Reserve.
5. En un recipiente para batidora introduzca el huevo y un poco de sal. Bata suavemente mientras añade aceite poco a poco hasta que la salsa adquiera la consistencia deseada. Añada el zumo de limón para dar sabor y aclarar la mezcla, y ya estará lista la mayonesa. Mézclela con la nata y cubra los pinchos con la salsa resultante.
6. Por último, introduzca la placa en el horno y gratine los pinchos a 250 °C durante 3 minutos.

# Patatas rellenas de pisto con huevos de codorniz y jamón

## Ingredientes

*1 pimiento verde*
*1 cebolla*
*1/2 calabacín*
*2 dientes de ajo*
*Aceite de oliva*
*3 cucharadas de tomate frito*
*4 patatas*
*4 huevos de codorniz*
*4 lonchas de jamón serrano*

## Preparación

1. Poche las verduras troceadas en una sartén con aceite caliente y añada el tomate frito para preparar un pisto.
2. Coloque las patatas en la placa del horno y áselas hasta que estén blandas. Sáquelas del horno, pélelas y haga un agujero en el centro de cada patata.
3. En una sartén con aceite caliente, fría los huevos de codorniz hasta que la clara tome color y sáquelos de la sartén con la ayuda de una espumadera.
4. Rellene las patatas con el pisto y coloque un huevo sobre cada una.
5. Coloque las patatas en un plato y disponga una loncha de jamón serrano sobre cada una.

# Patatas a las finas hierbas

## Ingredientes

*4 patatas grandes*
*40 g de albahaca*
*40 g de romero*
*40 g de puerro*
*40 g de cebollino*
*200 g de mantequilla*
*1 dl de vinagre de vino blanco*
*1 dl de vino blanco*
*Sal*

## Preparación

1. Elija patatas de un tamaño grande para poder sacar el mayor número de bolas. Pele las patatas y lávelas.
2. Vaya dando forma con la ayuda de un moldeador y coloque las bolitas resultantes en una cacerola con agua fría.
3. Ponga a cocer las bolitas de patata unos minutos con un poco de sal hasta que queden blandas sin que se deshagan; retire del fuego. Escúrralas y reserve.
4. Pique finamente la albahaca, el romero, el puerro y el cebollino.
5. Prepare la salsa en una sartén derritiendo la mantequilla con cuidado de que no se queme, aclárela con un batidor al mismo tiempo que añade el vinagre y el vino blanco y agregue las hierbas anteriormente picadas. Remuévalo todo muy bien y sálelo al gusto.
6. Coloque las bolitas de patata en un plato y extienda la salsa de hierbas por encima cubriendo bien todas las patatas.

# Patatas alioli

## Ingredientes

*4 patatas medianas*
*1 diente de ajo*
*Perejil picado*
*Salsa mayonesa:*
*1 huevo*
*3 dl de aceite de oliva*
*Zumo de 1 limón*
*Sal*

## Preparación

1. Escoja patatas especiales para cocer y lávelas para eliminar la tierra.
2. En una cazuela con abundante agua fría, cueza las patatas sin quitar la piel.
3. Una vez cocidas, déjelas enfriar, retire la piel, córtelas en cuadraditos y sálelas. Colóquelas en un plato y reserve.
4. Pele el ajo y reserve para utilizarlo cuando la mayonesa esté terminada.
5. Para hacer la mayonesa, ponga en un recipiente un huevo y un poco de sal y vaya agregando poco a poco el aceite a la vez que bate con suavidad. Cuando obtenga una mezcla consistente, agregue el zumo de limón.
6. Una vez obtenida la mayonesa incorpore el diente de ajo y bata hasta que quede totalmente picado. Así obtendrá una salsa alioli.
7. En un cuenco, mezcle las patatas con parte de la salsa y reserve el resto.
8. Pique finamente el perejil.
9. Por último, coloque las patatas en un plato, añada por encima la salsa alioli que reservó y espolvoree por encima el perejil picado.

# Patatas con salsa de mostaza

## Ingredientes

1 kg de patatas
*Salsa de mostaza:*
1 huevo
Sal
3 dl de aceite de oliva
5 cucharadas de vinagre
1 vaso de vino Cariñena
1/2 cucharadita de mostaza

## Preparación

1. Pele, lave y corte las patatas en dados regulares más bien grandecitos.
2. Introduzca las patatas en una cacerola con agua hirviendo y sal durante 5 minutos. Cuando estén listas, sáquelas y escúrralas.
3. Una vez bien escurridas, métalas en una rustidera con tapa y rocíelas con el vino, dejando un chorrito de éste para la mayonesa.
4. Caliente el horno a una temperatura moderada, introduzca la rustidera tapada y deje cocer las patatas durante 8 minutos con cuidado de que no se deshagan.
5. Ponga la yema de huevo en un cuenco y reserve la clara en un plato; agregue un poco de sal y unas gotitas de vinagre y bata sin interrupción mientras añade el aceite poco a poco. Cuando la mayonesa esté espesa, añada el resto del vinagre, la mostaza y el vino restante.
6. Bata la clara a punto de nieve, agréguela a la mayonesa y mezcle hasta que quede una salsa un poco fluida.
7. En el momento de servir, se vierte la salsa por encima de las patatas y se remueve con cuidado de que no se rompan.

# Patatas a lo pobre

## Ingredientes

*1/2 kg de patatas*
*1/2 cebolla*
*Aceite de oliva*
*Vinagre*
*Perejil*
*Sal*

## Preparación

1. Elija unas patatas de un tamaño mediano para conseguir rodajas no excesivamente grandes. Pele las patatas, lávelas y córtelas en rodajas de medio centímetro.
2. Pele la cebolla y córtela en tiras.
3. Lave una ramita de perejil y pique muy finamente. Reserve.
4. En una sartén con aceite caliente, fría las patatas y la cebolla a fuego lento para que queden blandas. Muévalas de vez en cuando con cuidado de que no se deshagan y no se queme la cebolla. Momentos antes de retirarlas de la sartén, suba el fuego y deje que se doren un poco.
5. Cuando estén en su punto, retírelas y colóquelas en papel de cocina para eliminar el exceso de aceite.
6. A continuación, dispóngalas en un recipiente, rocíelas con un chorrito de vinagre, salpimiente y espolvoree con perejil.
7. Sírvalas calientes como aperitivo o bien como guarnición de cualquier plato de carne o pescado.

# Ensalada de verano

## Ingredientes

*1 kg de patatas*
*2 huevos*
*1 pimiento verde*
*1 rama de perejil*
*3 tomates*
*1 cebolla*
*5 cucharadas de aceite*
*1 diente de ajo*
*Sal*
*Pimienta*
*3 cucharadas de vinagre*

## Preparación

1. Escoja patatas especiales para cocer. Lave las patatas para quitarles toda la tierra y póngalas a cocer en una cacerola con agua fría y un poco de sal durante 20 minutos.
2. Una vez cocidas, saque las patatas del agua, déjelas enfriar un poco, quíteles la piel, córtelas en rodajas y colóquelas en una fuente. Reserve.
3. Lave el pimiento, deseche las semillas y córtelo en trocitos muy finos. Mézclelo con las patatas y reserve.
4. Lave el perejil y píquelo finamente.
5. Lave los tomates, córtelos en rodajas y colóquelos alrededor de la fuente de patatas y pimiento.
6. Pele la cebolla y píquela finamente. Del mismo modo, pele el diente de ajo y píquelo.
7. Cueza los huevos en un cazo con agua durante unos minutos hasta que queden duros. Retírelos del fuego, escúrralos, deje enfriar unos minutos debajo del grifo y retire la cáscara. Parta los huevos en cuñas y colóquelos sobre las patatas.
8. En un cuenco, mezcle el vinagre, la cebolla, el perejil, el ajo, la sal y la pimienta, removiendo mientras añade el aceite poco a poco; vierta la salsa sobre las patatas, los tomates, el pimiento y los huevos.
9. Remueva bien y sirva fría.

# Bolas de patata

## Ingredientes

*1 kg de patatas*
*1 cucharada de mantequilla*
*100 g de chorizo*
*1 huevo*
*Aceite de oliva*
*Harina*

## Preparación

1. Escoja patatas especiales para cocer. Pélelas, lávelas, introdúzcalas en un recipiente con abundante agua fría y cuézalas hasta que queden blandas.
2. Una vez cocidas, escúrralas y métalas en el horno unos minutos.
3. Retire las patatas del horno. Con la ayuda de un pasapurés, haga un puré fino.
4. Separe la yema del huevo y reserve la clara en un plato hondo.
5. Añada al puré la yema de huevo, la mantequilla previamente ablandada y un poco de sal. Amase para mezclarlo todo muy bien.
6. Corte el chorizo en rodajas no demasiado gruesas y quítele la piel.
7. Impregne sus manos con un poco de harina, coja con una cuchara un poco de masa, coloque en el centro una rodaja de chorizo y haga una bola cubriendo por completo el chorizo.
8. Bata la clara que ha reservado y pase las bolas de patata por ella.
9. En una sartén con aceite muy caliente, fría las bolas hasta que queden bien doraditas.

# Ensaladilla rusa

## Ingredientes

*1/2 kg de patatas*
*1/2 kg de zanahorias*
*1/2 kg de judías verdes*
*1/2 kg de guisantes*
*1 huevo*
*2 latas de atún en aceite*
*Sal*
*Pimiento morrón*
*Salsa mayonesa:*
*1 huevo*
*3 dl de aceite de oliva*
*Sal*
*Zumo de 1/2 limón*

## Preparación

1. Lave las patatas para eliminar todo resto de tierra.
2. En una cacerola, ponga las patatas con piel cubiertas con agua fría y un poco de sal. Deje cocer hasta que estén blandas sin que se lleguen a deshacer. Si pincha las patatas con una aguja y sale con facilidad, ya están listas. Retire del fuego, déjelas enfriar, quíteles la piel y córtelas en cuadraditos.
3. Lave las zanahorias y cuézalas del mismo modo que ha hecho con las patatas. Córtelas en cuadraditos pequeños.
4. Repita el mismo procedimiento con el resto de las verduras, siempre cociéndolas por separado.
5. En un cazo con agua fría introduzca un huevo y deje cocer 10 minutos hasta que esté duro. Enfríelo debajo del grifo y reserve.
6. Haga una mayonesa consistente con el huevo, el aceite y la sal. Añada el zumo de limón para dar sabor y aclarar la mezcla.
7. Ponga en un cuenco grande todas las verduras y el atún escurrido y añada poco a poco la mayonesa mezclando bien; reserve un poco para decorar.
8. Disponga la ensaladilla en una fuente o bien utilice moldes especiales para dar forma. Adorne con el resto de la mayonesa, el huevo y el pimiento morrón.

# Patatas rellenas

## Ingredientes

*1 kg de patatas*
*2 cebollas*
*50 g de tocino de jamón*
*200 g de carne picada*
*50 g de pan rallado*
*1 huevo*
*Sal*
*Pimienta*
*Perejil*
*Zumo de 1/2 limón*
*5 cucharadas de aceite de oliva*
*1 copa de vino blanco*
*1 dl de agua*
*2 cucharadas de harina*
*1 ajo*

## Preparación

1. Elija patatas de un tamaño grande y alargadas. Pele, lave y corte las patatas en dos mitades iguales a lo largo y, con la ayuda de un moldeador, haga un hueco en el centro.
2. Pele una cebolla y píquela finamente junto con el tocino de jamón.
3. Separe la yema de la clara y reserve esta última.
4. En un recipiente mezcle la carne picada con el pan rallado, la cebolla, el tocino, la yema del huevo, sal, pimienta, perejil y el zumo de limón. Amase bien la mezcla.
5. Con la masa resultante, haga tantas bolas como mitades de patata tenga y rellene cada una de ellas. Unte la parte rellena con la clara de huevo un poco batida, pase las patatas por harina y fríalas en aceite caliente. Según se vayan friendo, colóquelas en una fuente para hornear con el relleno hacia arriba.
6. En el mismo aceite donde ha frito las patatas, rehogue la otra cebolla, troceada finamente, y el diente de ajo. Agregue una cucharada de harina, 1 dl de agua y el vino blanco y deje que dé un hervor.
7. Vierta la salsa por encima de las patatas y deje cocer en el horno 20 minutos a 150 °C hasta que estén tiernas. Si es necesario, para terminar la cocción, añada un poco de agua caliente.

# Tortilla de patata

## Ingredientes

*1 kg de patatas*
*1 cebolla*
*5 huevos*
*Aceite de oliva*
*Sal*

## Preparación

1. Pele las patatas, lávelas y córtelas en rodajas muy finitas.
2. Pele la cebolla y píquela finamente.
3. En una sartén, ponga el aceite y, cuando esté caliente, eche la cebolla.
4. Cuando la cebolla se empiece a ablandar, eche las patatas, añada sal y tápelas; remueva de vez en cuando hasta que estén tiernas.
5. Retire del fuego, escurra y reserve.
6. Bata los huevos en un recipiente añadiendo una pizca de sal.
7. A continuación agregue las patatas y la cebolla ya escurridas y mézclelo bien hasta que se empapen.
8. Caliente una sartén con un chorrito de aceite. Haga la tortilla a fuego lento y dele la vuelta enseguida, con la ayuda de un plato, para que no se reseque.
9. Sírvala cortada en cuñas o en cuadraditos.

# Patatas con espinacas

## Ingredientes

*4 patatas medianas*
*300 g de espinacas*
*4 cucharadas de queso rallado*
*2 cucharadas de pan rallado*
*1 cucharada de semillas de sésamo*
*2 cucharadas de aceite de oliva*
*Sal*

## Preparación

1. Escoja patatas especiales para cocer. En una olla con agua fría y un poco de sal, cueza las patatas enteras unos minutos, compruebe que están tiernas con la ayuda de una aguja y retire del fuego.
2. Escúrralas, quíteles la piel y córtelas en rodajas. Colóquelas en un recipiente y reserve.
3. Si las espinacas son frescas, lávelas bien en varias aguas para eliminar los restos de tierra y, cuando estén bien limpias, píquelas finamente.
4. En un cazo con agua, cueza las espinacas con un poquito de sal durante 10 o 15 minutos aproximadamente. Escúrralas bien para eliminar el exceso de agua y saltee en una sartén con un chorrito de aceite de oliva.
5. En un recipiente mezcle el queso con el pan rallado y las semillas de sésamo.
6. Coloque las rodajas de patata en un recipiente especial para hornear, disponga las espinacas por encima, ponga otra capa de patatas y espinacas, y para finalizar otra de patatas. Esparza la mezcla de queso, pan rallado y semillas de sésamo por encima.
7. Precaliente el horno a 275 °C unos minutos, introduzca la bandeja y gratine.

# Pinchos y tapas con huevo

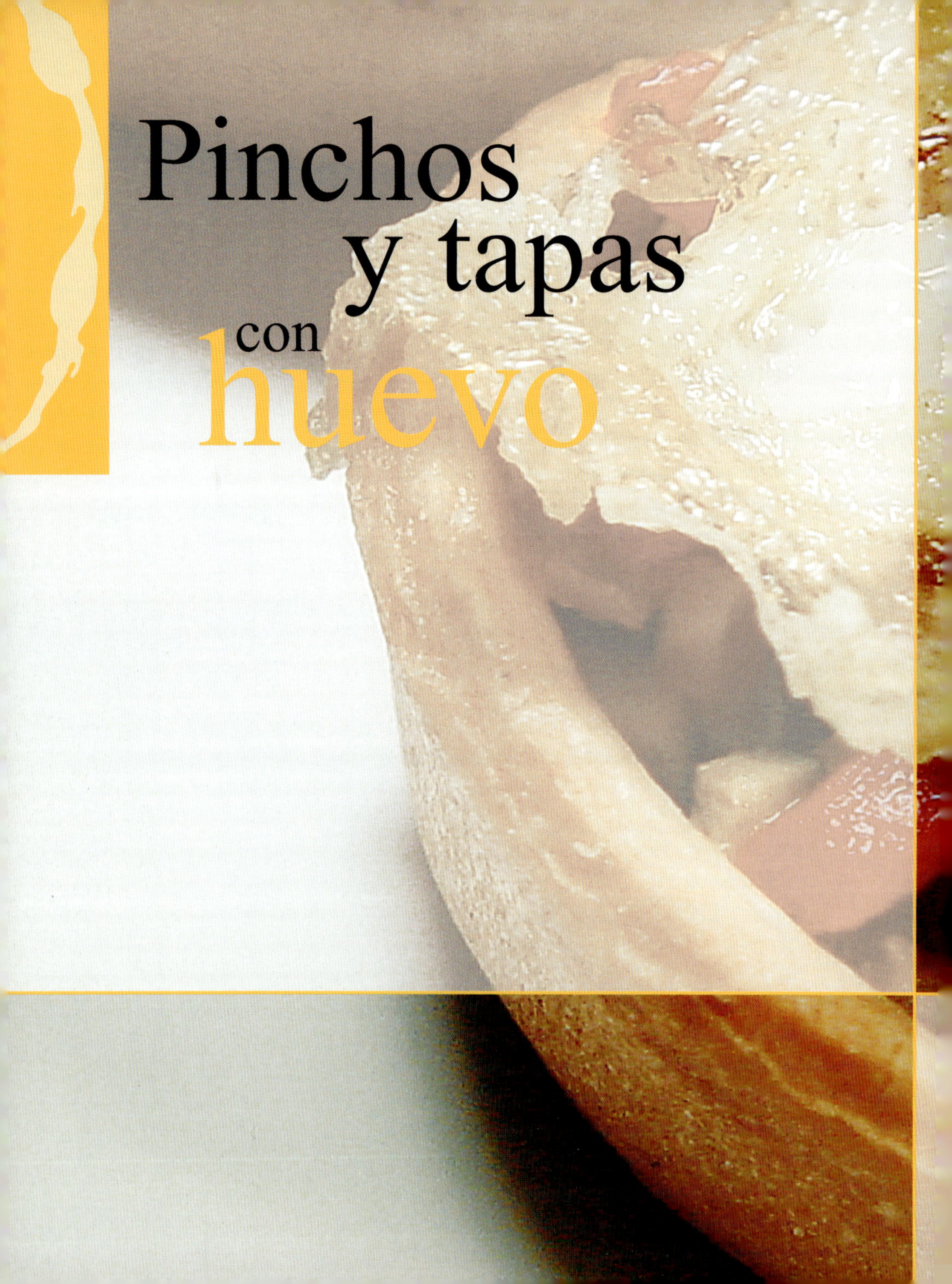

# Huevo sobre anchoa con cebolla y perejil

## Ingredientes

*Pan*
*Anchoas*
*Huevo*
*Cebolla*
*Perejil*
*Mayonesa*

## Preparación

1. Utilice una rebanada de pan como base.
2. Coloque dos anchoas longitudinalmente sobre el pan.
3. Cueza el huevo y córtelo en cuartos y éstos a su vez por la mitad.
4. Coloque uno de estos triángulos de huevo en un extremo del pan y cúbralo con un poquito de mayonesa.
5. Pique la cebolla finamente y mézclela con el perejil también picadito. Utilice esta mezcla para cubrir el otro extremo del pan.

# Tartaletas de huevo de codorniz con verduras

## Ingredientes

*Tartaletas*
*Aceite de oliva*
*Cebolla*
*Calabacín*
*Pimiento del piquillo*
*Gambas cocidas*
*Huevos de codorniz*

## Preparación

1. Utilice una tartaleta como base.
2. Pique la cebolla y en una sartén con un poquito de aceite de oliva déjela pochar lentamente.
3. Añada el calabacín muy picadito y déjelo pochar junto con la cebolla.
4. Vierta este sofrito en una tartaleta.
5. Ase el pimiento en el horno hasta que la piel se desprenda fácilmente o utilice pimientos enlatados. Adorne con el pimiento cortado en trocitos finos.
6. Coloque encima del pimiento una gamba cocida.
7. Por último, fría los huevos y póngalos en cada tartaleta.

# Huevos de codorniz fritos con chorizo

## Ingredientes

*Pan*
*Aceite de oliva*
*Huevos de codorniz*
*Pimientos del piquillo*
*Chorizo picante*

## Preparación

1. Corte el pan en rebanadas de un tamaño regular.
2. En una sartén caliente, con aceite de oliva, haga los huevos fritos.
3. Corte el chorizo en rodajas no muy gruesas y fríalo en el mismo aceite.
4. Coloque sobre cada rebanada de pan una rodaja de pimiento del piquillo, un huevo frito y, por encima, las rodajas de chorizo.
5. Sírvalo caliente.

# Huevos con pimientos del piquillo y anchoas dos salsas

## Ingredientes

*Pan*
*Pimientos del piquillo*
*Anchoas en aceite*
*Huevos*
*Salsa mayonesa*
*Salsa rosa*

## Preparación

1. Corte rebanadas de pan y póngalas en una fuente.
2. Si el pimiento está crudo, áselo en el horno previamente hasta que la piel se desprenda con facilidad. Retire la piel una vez frío, corte una tira y colóquela sobre el pan.
3. Ponga dos anchoas sobre el pimiento.
4. Cueza los huevos y córtelos en rodajas. Ponga una rodaja de huevo sobre las anchoas.
5. Adorne con ambas salsas poniendo un poco de cada una de ellas sobre el huevo, juntas pero sin mezclarlas.

# Huevos de codorniz fritos con jamón de Jabugo

## Ingredientes

*Pan*
*Jamón de Jabugo*
*Aceite de oliva*
*Huevos de codorniz*

## Preparación

1. Corte las rebanadas de pan de un grosor regular.
2. Coloque una loncha de jamón de Jabugo sobre cada rebanada de pan.
3. En una sartén, caliente el aceite de oliva y fría los huevos sin que se quemen.
4. Disponga sobre el jamón el huevo frito y adorne a su gusto.

# Huevos con jamón serrano, salmón y gamba cocida

## Ingredientes

*Pan tostado*
*Jamón serrano*
*Salmón ahumado*
*Huevos*
*Salsa mayonesa*
*Gambas*

## Preparación

1. Sobre la rebanada de pan, coloque una loncha de jamón serrano.
2. Encima del jamón serrano, ponga una loncha de salmón ahumado.
3. En un cazo, cueza los huevos unos 10 minutos hasta que estén duros.
4. Desprenda la cáscara del huevo, córtelo en rodajas, colóquelas sobre el salmón y ponga un toque de salsa mayonesa.
5. Cueza las gambas unos minutos y pélelas.
6. Finalmente, con la ayuda de un palillo, pinche la gamba en el huevo.

# Huevos con bonito

## Ingredientes

*Pan*
*Huevos*
*Bonito del Norte*
*Salsa mayonesa*
*Aceitunas rellenas*
*Pimiento del piquillo*

## Preparación

1. Cueza los huevos unos 10 minutos hasta que estén duros.
2. Separe la cáscara, corte cada huevo por la mitad y colóquelos en un plato.
3. Ponga un trozo de bonito en cada mitad.
4. Añada un poquito de salsa mayonesa al bonito.
5. Coloque una aceituna sobre cada huevo.
6. Ase el pimiento en el horno hasta que se desprenda la piel fácilmente. Deje enfriar, retire la piel y corte en tiras finas. Si el pimiento está enlatado, escúrralo y córtelo en tiras muy finas.
7. Coloque una tira de pimiento alrededor de la aceituna para adornar; acompañe cada pincho con una rebanada de pan.

# Huevos con mayonesa y langostinos

## Ingredientes

*Huevos*
*Salsa mayonesa*
*Langostinos*
*Aceitunas manzanilla*

## Preparación

1. Cueza los huevos y córtelos por la mitad.
2. Colóquelos en una fuente y ponga un poquito de salsa mayonesa sobre cada medio huevo para adornarlo.
3. Cueza los langostinos en abundante agua con sal. Una vez que estén fríos, retire la cáscara y ponga una cola de langostino sobre cada huevo.
4. Utilice las aceitunas para adornar; si lo prefiere, pínchelas sobre el langostino con un palillo.

# Tartaletas de huevos de codorniz con caviar y anchoas

## Ingredientes

*Tartaletas*
*Anchoas*
*Huevos de codorniz*
*Salsa mayonesa*
*Caviar*

## Preparación

1. Utilice tartaletas como base.
2. Corte las anchoas en tiras y colóquelas sobre el fondo de cada tartaleta.
3. Cueza los huevos durante unos minutos hasta que estén duros.
4. A continuación, quite la cáscara, corte los huevos por la mitad y colóquelos sobre las anchoas.
5. Ponga dos toques de salsa mayonesa a los lados de los huevos; en el medio, un poquito de caviar.

# Huevos con pimientos y lechuga

## Ingredientes

*Pan*
*Lechuga*
*Huevos*
*Pimientos del piquillo*
*Mayonesa*
*Anchoas*

## Preparación

1. Corte una rebanada de pan y utilícela como base para el pincho.
2. Lave la lechuga en abundante agua fresca durante unos minutos y escúrrala. Ponga una hojita sobre cada rebanada.
3. Cueza los huevos, pélelos y córtelos por la mitad. De cada mitad corte a su vez un trozo, que le servirá como tapa. Ponga el huevo sobre la lechuga.
4. Ase el pimiento rojo en el horno hasta que la piel se desprenda fácilmente.
5. Una vez frío, pélelo y corte un trozo para colocarlo sobre cada huevo. También puede utilizar pimientos enlatados.
6. Coloque encima la tapa del huevo.
7. Decore con un poco de salsa mayonesa.
8. Ponga una anchoa sobre la mayonesa y pinche con un palillo para sujetar.

# Pinchos y tapas con pescado

# Bonito encebollado

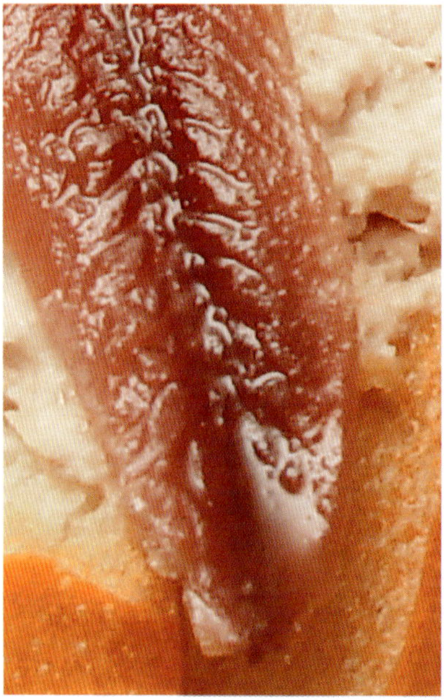

## Ingredientes

*Pan*
*Bonito en escabeche*
*Cebolla*
*Salsa mayonesa*
*Vinagre*
*Alcaparras*
*Anchoas en aceite de oliva*

## Preparación

1. Desmigue el bonito en escabeche.
2. Corte la cebolla muy finamente.
3. Mezcle ambos ingredientes con la salsa mayonesa y añada un chorrito de vinagre junto con las alcaparras.
4. Extienda la mezcla sobre una rebanada de pan y adorne con una anchoa.

# Empanada gallega de bonito

## Ingredientes

*Para el sofrito:*
*1 cebolla*
*1 pimiento*
*1 diente de ajo*
*Una ramita de perejil*
*2 latas de bonito en aceite de oliva*
*1/2 kg de tomates*
*Sal*
*Pimienta*
*Pimentón dulce*
*Aceite de oliva*

*Para la masa:*
*250 g de harina*
*5 dl de agua*
*5 dl de leche*
*6 cucharadas del aceite del sofrito*
*1/2 cucharadita de sal*
*1/2 cucharadita de pimentón dulce*
*1/2 avellana de levadura de panadería*

*Para el relleno:*
*2 huevos cocidos*

## Preparación

1. En una sartén con abundante aceite caliente, prepare el sofrito rehogando la cebolla, el pimiento, el ajo y el perejil picados muy finos.
2. Cuando el sofrito esté a media cocción, salpimiéntelo, añada el tomate pelado, despepitado y picado, y deje cocer hasta que quede perfectamente pochado. Agregue entonces una pizca de pimentón dulce y el bonito desmigado. Rehogue un poco más y retírelo del fuego. Deje enfriar.
3. Prepare la masa poniendo la harina en un cuenco amplio, haga un agujero en el centro y añada los demás ingredientes. Mezcle bien con la ayuda de una cuchara de palo y termine de amasar con las manos sobre una superficie lisa hasta que quede una masa suave, sin grumos ni pegajosa (puede añadir más harina para evitar que la masa se pegue).
4. Coloque la masa en forma de bola sobre un recipiente y deje reposar durante 1 hora aproximadamente.
5. Transcurrido ese tiempo, parta la masa en dos para hacer la base y la tapa de la empanada. Estire las dos partes con la ayuda de un rodillo formando dos círculos de 2 mm de grosor.
6. Utilice un molde redondo, engráselo y coloque la base en el interior. Vierta el sofrito, previamente escurrido, sobre la base y añada los huevos cocidos cortados en rodajas. Cubra con la tapa, apriete los bordes para que quede perfectamente sellada, decore si lo desea con tiras de masa sobrante y en el centro realice un agujero de respiración.
7. Con la ayuda de un pincel, pinte con huevo batido la empanada y realice algunos cortes simétricos con una tijera para que no se infle al cocer.
8. Por último ponga a cocer la empanada en el horno –previamente calentado a 200 °C– durante 45 minutos para que se dore bien.

# Anchoas rebozadas con pimientos del piquillo

## Ingredientes

*Pan*
*Anchoas*
*Sal*
*Pimientos del piquillo*
*Harina*
*Huevo*
*Aceite*

## Preparación

1. Limpie las anchoas quitándoles las espinas.
2. Lave los pimientos y áselos en el horno hasta que se retire la piel fácilmente. También puede utilizar pimientos enlatados. Una vez fríos, retire la piel y reserve.
3. Ponga una anchoa encima de un pimiento y cubra con otra anchoa.
4. Sálelo y páselo por harina y huevo.
5. En una sartén, vierta abundante aceite de oliva y, cuando esté bien caliente, añada las anchoas rellenas y rebozadas.
6. Retírelas cuando estén doradas.
7. Corte el pan en rebanadas regulares, coloque las anchoas ya fritas sobre el pan y sirva los pinchos calientes.

# Boquerones en vinagre

## Ingredientes

*Boquerones*
*Vinagre*
*Agua*
*Ajo*
*Aceite de oliva*
*Perejil*

*Presentación:*
*Aceitunas sin hueso*
*Tomatitos cherry*

## Preparación

1. Limpie los boquerones, quite las espinas y lávelos.
2. En un recipiente con agua fría, deje los boquerones durante aproximadamente ocho horas, cambiando el agua hasta que pierdan toda la sangre.
3. Escúrralos, eche un puñadito de sal y cúbralos de vinagre. Déjelos reposar otras ocho horas.
4. Quite el vinagre, aclare con agua fría y escúrralos.
5. A continuación, aliñe los boquerones con un chorro de aceite de oliva, un poquito de sal, un chorrito de vinagre, ajo picado finamente y perejil.
6. Haga las banderillas tal como se indica en la página 14.

# Boquerones con paté de aceitunas

## Ingredientes

*Pan*
*Boquerones en vinagre*
*Aceitunas negras*
*Aceite de oliva*
*Ajo*

## Preparación

1. En primer lugar, haga unos boquerones en vinagre como indicamos en la receta de la página anterior.
2. Parta el pan en rebanadas y cúbralo con dos boquerones.
3. Quítele el hueso a las aceitunas y, con la ayuda de una batidora, tritúrelas junto con el ajo y un chorrito de aceite de oliva hasta conseguir una mezcla homogénea.
4. Extienda la pasta encima de los boquerones y decore con un poquito de pimiento verde si lo desea.

# Gambas a la gabardina

## Ingredientes

*Gambas*
*Agua con gas*
*Levadura*
*Sal*
*Harina*

## Preparación

1. Ponga agua con gas en un recipiente, agréguele levadura, sal y harina. Remueva todo hasta hacer una pasta.
2. A continuación, añada las gambas a la mezcla.
3. En una sartén con aceite de oliva muy caliente, fría las gambas.
4. Sírvase caliente.

# Pincho de alcachofas con gambas

## Ingredientes

*4 alcachofas*
*2 lonchas de jamón serrano*
*4 gambas*
*4 lonchas de beicon*
*Aceite de oliva*

## Preparación

1. Limpie las alcachofas desechando las hojas más duras y ponga a cocer los corazones hasta que estén tiernos. Escúrralos.
2. Parta por la mitad las lonchas de jamón serrano e introduzca en cada alcachofa un trozo de jamón y una gamba pelada. Envuelva cada pincho con una loncha de beicon.
3. Sujete los pinchos con un palillo y fríalos en una sartén con aceite caliente hasta que se doren y se hagan las gambas.

# Brandada de bacalao

## Ingredientes

*Pan*
*Bacalao*
*Ajo*
*1 guindilla*
*Aceite de oliva*
*Leche*

## Preparación

1. Desale el bacalao el día anterior cambiando repetidamente el agua.
2. Pique 4 dientes de ajo y parta en trocitos una guindilla.
3. Caliente el aceite de oliva en una sartén y fría el ajo y la guindilla.
4. Retírelos y en el mismo aceite fría el bacalao lentamente.
5. Una vez hecho el bacalao, pélelo, quítele las espinas y desmíguelo.
6. A continuación, triture el bacalao con el aceite, el ajo y la guindilla.
7. Cuando tenga una textura suave, vaya añadiendo la leche montando el bacalao hasta conseguir una brandada homogénea.
8. Parta el pan en rebanadas y unte la mezcla por encima.
9. Por último, introduzca el pincho en el horno y gratínelo.

# Lomos de bacalao

## Ingredientes

*Lomos de bacalao fresco*
*Harina*
*Huevo*
*Sal*

## Preparación

1. Sazone los lomos de bacalao y páselos por harina y huevo.
2. Ponga en una sartén abundante aceite de oliva. Cuando esté caliente, fría los lomos hasta que queden doraditos.
3. Disponga los lomos de bacalao en platos individuales y adorne, si lo desea, con rodajas de naranja previamente decoradas con un acanalador.

# Paquetitos de bacalao

## Ingredientes

*Para las crepes:*
*1/2 l de leche*
*1 huevo*
*1/3 l de caldo de pescado*
*Una ramita de perejil picado*
*Una pizca de sal*
*2 cucharadas de maicena*
*375 g de harina*
*Aceite de oliva*

*Para el relleno:*
*Un chorrito de aceite de oliva*
*1 cebolla*
*1 diente de ajo*
*1/2 kg de bacalao desalado*
*Una ramita de perejil picado*
*1 dl de caldo de pescado*
*50 g de harina*
*1/2 l de leche*
*Aceite para freír*

## Preparación

1. Prepare las crepes mezclando en un recipiente hondo la leche, el huevo, el caldo de pescado, el perejil, una pizca de sal, la maicena y la harina poco a poco hasta que se forme una mezcla cremosa.
2. En una sartén con un poco de aceite, vierta dos cucharadas de la mezcla anterior y dele forma de crepe. Hágala por ambos lados y repita la misma operación con el resto de la mezcla.
3. En una sartén con un chorrito de aceite caliente, poche la cebolla y el ajo picados.
4. Desmigue el bacalao y añádalo a la sartén. Remuévalo bien hasta que se haga el pescado y agregue el perejil, el caldo y la harina. Forme una masa compacta y vierta la leche por encima para formar una besamel. Retire la sartén del fuego y déjela enfriar.
5. Rellene las crepes con la besamel de bacalao y ciérrelas en forma de paquetito sujetándolas con un palillo. Fría las crepes en una sartén con abundante aceite caliente hasta que se doren.

# Bacalao ahumado con crema de queso y anchoas

## Ingredientes

*Pan*
*8 lonchas de bacalao ahumado*
*250 g de crema de queso*
*8 anchoas*
*8 tomatitos cherry*

## Preparación

1. Corte el pan en rebanadas y tuéstelas en una sartén o un tostador.
2. Coloque sobre cada rebanada 2 lonchas de bacalao ahumado, sobre éstas unte un poco de crema de queso y añada unas anchoas.
3. Lave los tomates y córtelos por la mitad.
4. Por último, añada a cada pincho unos tomates.

# Rollitos de salmón con queso

## Ingredientes

*Colines*
*Salmón ahumado*
*Lonchas de queso*
*Tomate*
*1 pimiento del piquillo*

## Preparación

1. Lave el tomate y córtelo en rodajas.
2. Corte el salmón y el queso en rectángulos regulares.
3. Coloque el salmón y el queso uno sobre el otro y haga un rollito.
4. Encima de dos colines, coloque una rodaja de tomate y sobre ésta, el rollito de salmón y queso.
5. Finalmente decore el rollito con un trozo de queso y una pizca de pimiento del piquillo.

# Salmón con bonito y salsa rosa

## Ingredientes

*Pan de molde*
*Bonito en conserva*
*Salsa rosa*
*Salmón ahumado*
*Cebolla*
*Tomatitos cherry*

## Preparación

1. Quite los bordes al pan de molde y corte las rebanadas a su gusto.
2. Desmigue el bonito y mézclelo con salsa hasta conseguir una pasta untuosa.
3. Extienda una capa de salsa rosa sobre una rebanada de pan, encima añada la mezcla de bonito, ponga otra rebanada de pan y vuelva a untar salsa rosa.
4. A continuación coloque una loncha de salmón del mismo tamaño que el pan.
5. Decore con la cebolla cortada en tiras y tomatitos cherry.

# Salmón relleno

## Ingredientes

*Un chorrito de aceite de oliva*
*1 pimiento verde*
*1 cebolla*
*500 g de salmón*
*200 g de boletos*
*4 gambas*
*4 lonchas de queso gouda*
*4 nidos de pasta*

*Para la salsa de boletos:*

*100 g de boletos*
*Una nuez de mantequilla*
*200 g de nata líquida*

## Preparación

1. En una sartén con un chorrito de aceite caliente, prepare un sofrito con el pimiento y la cebolla picados.
2. Corte el salmón en trozos del mismo tamaño, haga un corte en cada trozo y rellénelo con los boletos, las gambas peladas y el sofrito.
3. Disponga los trozos de salmón sobre la placa del horno engrasada y coloque sobre cada trozo una loncha de queso.
4. Introduzca la placa en el horno a 180 °C durante 10 minutos aproximadamente.
5. Ponga a cocer la pasta en una cacerola con agua hirviendo y sal hasta que esté al dente. Escurra y reserve.
6. Prepare una salsa sofriendo los boletos en mantequilla durante 5 minutos. Añada la nata y deje cocer 2 minutos más. Retire y tritúrela con la ayuda de una batidora.
7. Vierta la salsa de boletos sobre los pinchos de salmón y acompáñelos con la pasta.
8. Si lo desea, puede decorar el plato con tiras de puerro frito.

# Tartaletas de changurro

## Ingredientes

*Tartaletas*
*Centollo*
*Endibias*
*Salsa mayonesa*
*1 pimiento del piquillo*

## Preparación

1. Cueza el centollo durante 15 minutos, si es de aproximadamente un kilo.
2. Una vez cocido, desmíguelo.
3. Limpie minuciosamente las hojas de endibia para que no amarguen, séquelas, reserve algunas enteras para adornar y parta el resto en juliana.
4. Mezcle el centollo desmigado con la salsa mayonesa y las hojas de endibia.
5. Rellene las tartaletas y adorne con las hojas previamente reservadas y un trocito de pimiento del piquillo.

# Boquerón y anchoa con txepetxa

## Ingredientes

*Pan de molde*
*Mermelada de arándanos*
*4 anchoas en aceite*
*4 boquerones en vinagre*
*Para la txepetxa:*
*1/2 calabacín*
*1/2 cebolla*
*1/2 l de aceite de oliva*

## Preparación

1. Para la txepetxa, pele la cebolla y córtela junto con el calabacín en tiras finas. Póngalos en una fuente para horno junto con el aceite. Hornee a 60 °C durante 40 minutos.
2. Retire la corteza de las rebanadas, tuéstelas en una sartén o un tostador y unte cada una con mermelada de arándanos.
3. Añada un poco de txepetxa y ponga en cada pincho una anchoa y un boquerón.

# Boquerones con picadillo de verduras

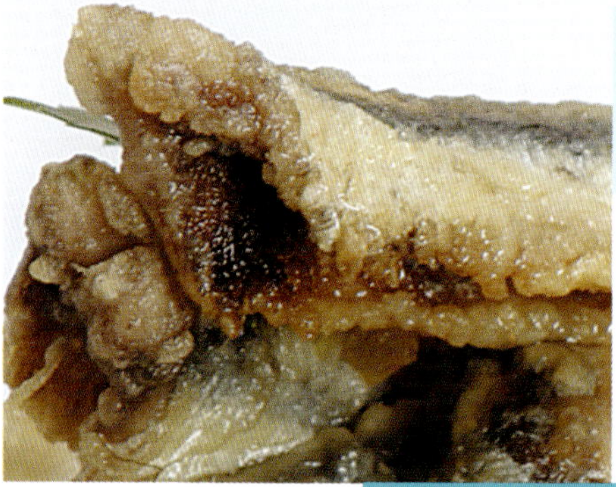

## Ingredientes

*1 kg de boquerones frescos*
*1 pimiento rojo para asar*
*2 tomates maduros*
*1 cebolla*
*6 cucharadas de aceite de oliva*
*2 cucharadas de vinagre*
*Aceite de oliva para freír*
*75 g de harina*

## Preparación

1. Lave el pimiento y los tomates y pele la cebolla.
2. Introduzca todas las verduras en el horno, riegue con un chorrito de aceite de oliva y áselas.
3. Una vez asados el pimiento y los tomates, desprenda la piel, deseche las semillas y pique finamente toda la verdura, incluida la cebolla.
4. En un cuenco mezcle la cebolla, los tomates, el pimiento, el vinagre, la sal y la pimienta removiendo con un batidor mientras añade el aceite poco a poco hasta conseguir una salsa fina. Reserve.
5. Lave los boquerones, deseche las tripas y déjelos escurrir.
6. En una sartén con abundante aceite caliente, fría el pescado en cantidades pequeñas una vez enharinado, para que el aceite no baje su temperatura, hasta que adquiera un color dorado por ambos lados. Déjelo escurrir en papel de cocina para eliminar el exceso de aceite.
7. Coloque los boquerones en un plato y riegue con la salsa de picadillo que preparó con anterioridad.

# Caballa escabechada

## Ingredientes

| | |
|---|---|
| *1/2 kg de caballa* | *1 hoja de laurel* |
| *1 cebolla* | *Tomillo* |
| *12 cucharadas de aceite de oliva* | *Romero* |
| *5 cucharadas de vinagre* | *2 dientes de ajo* |
| | *Sal* |

## Preparación

1. Limpie la caballa, córtela en rodajas gruesas, sazone con sal y enharínela ligeramente.
2. En una sartén con aceite caliente, fría la caballa por ambos lados hasta que coja color. Reserve en una cazuela.
3. Pele la cebolla, córtela en rodajas y pele los ajos.
4. En otra cazuela con aceite caliente, fría los dientes de ajo enteros, la cebolla, el laurel, el tomillo y el romero y añada el vinagre y un poco de sal.
5. Cuando la cebolla quede tierna y esté listo el escabechado, añádalo a la cazuela de la caballa hasta que ésta quede bien cubierta.
6. Deje enfriar 2 horas y sirva tibio a temperatura ambiente.
7. Puede consumir la caballa en el momento de hacerla o bien una vez fría. Guárdela en el frigorífico hasta cinco días sin temor de que se estropee. Si desea consumirla durante esos cinco días, sáquela del frigorífico momentos antes de servir.

# Palometa con tomate

## Ingredientes

*1 palometa grande*
*75 g de harina*
*1 cebolla*
*1 pimiento verde*
*4 cucharadas de aceite de oliva*
*1/2 kg de tomates maduros*
*Sal*

## Preparación

1. Limpie la palometa desechando la piel. Córtela en trozos pequeños.
2. Sale la palometa y enharínela.
3. Caliente en una cacerola el aceite, fría ligeramente los trozos de palometa y resérvelos en un plato. Conserve el aceite para hacer el sofrito más adelante.
4. Pele la cebolla y píquela no muy fina.
5. Lave el pimiento, deseche las semillas y córtelo en tiras alargadas.
6. Para que la piel de los tomates salga con facilidad, puede escaldarlos durante dos minutos en agua hirviendo. Retire la piel de los tomates, deseche las semillas y tritúrelos.
7. En el mismo aceite donde ha frito la palometa, dore la cebolla y agregue el pimiento hasta que esté blandito. A continuación añada el tomate triturado y deje reducir durante unos minutos.
8. Ponga por encima del sofrito los trozos de palometa, tape la cacerola y deje hervir a fuego lento durante 15 minutos.
9. Sirva bien caliente.

# Mejillones con salsa vinagreta

## Ingredientes

*1 kg de mejillones*
*1 pimiento verde*
*1/2 cebolla*
*2 tomates pequeños*
*6 cucharadas de aceite de oliva*
*2 cucharadas de vinagre*
*Sal*
*Pimienta*
*1 ramita de perejil*

## Preparación

1. Elija unos mejillones de buena calidad y asegúrese de que estén todos cerrados. Límpielos minuciosamente bajo el grifo, raspando, con la ayuda de un cuchillo, todo resto de suciedad que esté adherido a la concha y desechando los que estén abiertos.
2. Cuézalos al vapor, en una cacerola tapada, hasta que se abran por completo. Escúrralos y tire los que no se hayan abierto.
3. Lave el pimiento, deseche las semillas, séquelo con papel de cocina y córtelo finamente.
4. Pele la cebolla y córtela de la misma forma que ha hecho con el pimiento.
5. Lave los tomates y córtelos también en trozos pequeños.
6. En un recipiente mezcle el pimiento, los tomates, la cebolla, el vinagre, la sal y la pimienta removiendo con un batidor mientras añade el aceite poco a poco hasta conseguir una salsa vinagreta fina.
7. Deseche la concha sobrante de cada mejillón, colóquelos en un plato, vierta la salsa por encima y adorne con una ramita de perejil.

# Soldaditos de Pavía

## Ingredientes

*500 g de bacalao*
*150 g de harina*
*14 cucharadas de agua*
*10 g de levadura prensada*
*2 cucharadas de aceite*
*Aceite de oliva para freír*
*Zumo de 1 limón*
*Perejil*

## Preparación

1. Escoja la parte del centro del bacalao y póngalo a remojar la noche anterior cambiándole el agua varias veces.
2. Una vez desalado, hágalo tiras o córtelo en trozos de un tamaño regular y póngalo en un recipiente junto con el zumo de un limón. Reserve.
3. Ponga la harina en un cuenco, haga un hueco en el centro y añada un poco de sal, la levadura prensada, dos cucharadas de aceite crudo y el agua fría. Mezcle todo y déjelo tapado en un sitio templado hasta que la masa crezca.
4. Bañe los trozos de bacalao en la masa.
5. En una sartén con abundante aceite caliente introduzca los soldaditos de Pavía en cantidades pequeñas para que el aceite no baje su temperatura hasta que adquieran un color dorado.
6. Retire del fuego; coloque los soldaditos sobre papel de cocina para eliminar el exceso de aceite y sirva la tapa decorada con una ramita de perejil.

# Sardinas a la segoviana

## Ingredientes

*1 kg de sardinas*
*1 diente de ajo*
*75 g de harina*
*2 huevos*
*Aceite de oliva*
*Sal*
*Perejil*

## Preparación

1. Escoja unas sardinas muy frescas y de un tamaño grande.
2. Limpie las sardinas, quitándoles las espinas, la cabeza y las tripas. Déjelas escurrir.
3. Pele los ajos y píquelos muy finamente.
4. En un plato llano ponga harina para rebozar.
5. Bata los huevos en un plato hondo, añada el ajo picado y una pizca de sal.
6. Abra las sardinas en forma de abanico, sálelas, páselas primero por harina y después por el huevo batido.
7. En una sartén con abundante aceite caliente, introduzca las sardinas rebozadas en cantidades pequeñas para que el aceite no baje su temperatura; fría hasta que estén doradas por ambos lados.
8. Déjelas escurrir sobre un papel de cocina y sírvalas a modo de tapa o ración decoradas con perejil.

# Rollitos de langostino

## Ingredientes

*8 langostinos*
*2 pimientos verdes*
*4 setas de cardo*
*Una lámina de pasta brick*
*4 lonchas de jamón de york*
*Aceite de oliva*

## Preparación

1. Pele los langostinos y reserve.
2. En una sartén con aceite caliente, fría los pimientos hasta que queden al dente y córtelos en tiras.
3. Limpie las setas con la ayuda de papel de cocina y córtelas por la mitad.
4. Estire la pasta brick y córtela en tiras de 6 x 10 cm aproximadamente, dependiendo del tamaño de los langostinos.
5. Corte el jamón del mismo tamaño que la pasta brick.
6. Extienda una tira de pasta brick sobre una superficie lisa, ponga encima un trozo de jamón y añada unas tiras de pimiento, media seta y un langostino. Enróllelo sobre sí mismo y pínchelo con un palillo. Repita la misma operación con el resto de los langostinos y fríalos en una sartén con abundante aceite caliente hasta que se dore la pasta brick y se hagan los langostinos y las setas.
7. Una vez fritos, sáquelos de la sartén y colóquelos sobre papel de cocina para eliminar el exceso de aceite.

# Champiñones rellenos de marisco

## Ingredientes

*4 champiñones grandes*
*Aceite de oliva*
*4 langostinos*
*4 mejillones*
*4 almejas*
*Sal*

*Para la vinagreta de pimientos del piquillo:*
*1 dl de vinagre*
*2 dl de aceite de oliva*
*2 pimientos del piquillo*

## Preparación

1. Limpie los champiñones con la ayuda de papel de cocina y poche los sombreros en una sartén con un poco de aceite.
2. En una cacerola con agua hirviendo y sal, ponga a cocer los langostinos. Cuando vuelva a hervir el agua, escúrralos y reserve.
3. Limpie los mejillones debajo del grifo frotando unos con otros.
4. En otra cacerola con agua hirviendo y sal, cueza los mejillones hasta que se abran. Repita la misma operación con las almejas.
5. Deseche las cáscaras y las conchas, y rellene los sombreros con el marisco.
6. Prepare la vinagreta de pimientos del piquillo mezclando el vinagre con el aceite y los pimientos del piquillo picados. Sazónelo y vierta la salsa sobre los champiñones.

# Cóctel de langostinos

## Ingredientes

*1/2 kg de langostinos*
*1 huevo*
*1 cucharadita de mostaza*
*Pimentón*
*4 cucharadas de aceite de oliva*
*1 cucharada de zumo de limón*
*1 cucharada de brandy*
*2 cucharadas de nata líquida*
*3 cucharadas de kétchup*
*6 hojas de lechuga*
*Una ramita de perejil*
*Salsa Worcester*
*Sal*

## Preparación

1. En un cazo con agua cueza los langostinos durante unos minutos, retire del fuego, escúrralos, deseche las cabezas y las cáscaras y reserve.
2. Lave las hojas de lechuga, centrifúguelas para eliminar el exceso de agua y píquelas finamente. Reserve.
3. Introduzca cuatro recipientes individuales en el frigorífico para que se enfríen.
4. Separe la yema del huevo, pásela por un colador, viértala en un recipiente y mezcle con la mostaza y una pizca de pimentón.
5. Remueva sin parar mientras va añadiendo el aceite gota a gota con cuidado de que no se corte la salsa.
6. Agregue una cucharada de zumo de limón, el kétchup, un poco de salsa Worcester, el brandy y la nata líquida.
7. Dé vueltas hasta que la mezcla quede homogénea y se forme una salsa cremosa. Sálelo al gusto.
8. Coloque la lechuga picada en los recipientes individuales, sobre ésta las colas de langostino y cubra con la salsa.
9. Espolvoree con perejil fresco y sirva inmediatamente.

# Cigalas sobre patatas y foie

## Ingredientes

*4 patatas*
*Aceite de oliva*
*300 g de foie*
*Sal*
*Para la salsa:*
*Un chorro de aceite de oliva*
*1 zanahoria*
*1 puerro*
*1 copa de moscatel*
*3 cucharadas de fondo de pescado*
*1/2 l de nata líquida*
*4 cigalas*

## Preparación

1. Pele las patatas y córtelas en rodajas de igual tamaño. Fríalas en una sartén con abundante aceite caliente hasta que estén tiernas y escúrralas bien para eliminar el exceso de aceite. Sálelas y reserve.
2. Parta el foie en rodajitas y áselas en el horno a 230 °C durante 1 minuto. Reserve.
3. Para preparar la salsa, poche en una sartén con aceite la zanahoria y el puerro cortados en juliana. Añada el moscatel, deje reducir y agregue el fondo de pescado y la nata. Deje cocer la salsa unos minutos y añada las cigalas peladas hasta que se hagan. Retire las cigalas de la salsa.
4. En un plato alterne rodajas de patata y foie. Forme de este modo cuatro pinchos y coloque sobre cada uno de ellos una cigala; vierta la salsa por encima.

# Bolitas de calamar

## Ingredientes

*1 cebolla*
*2 calamares limpios*
*1 vasito de vino blanco*
*2 paquetitos de tinta de calamar*
*Sal*
*Pimienta*
*Harina*
*2 huevos*
*Pan rallado*
*Aceite de oliva*
*Para la besamel:*
*Una nuez de mantequilla*
*50 g de harina*
*2 dl de leche*

## Preparación

1. Pique la cebolla finamente y rehóguela en una sartén junto con los calamares troceados. Añada el vino blanco, deje cocer unos minutos y escurra los calamares; reserve el caldo.
2. Prepare una besamel en una sartén mezclando la mantequilla derretida con la harina y la leche. Mezcle con la tinta de calamar el caldo reservado y añádalo a la sartén.
3. Mezcle la besamel con los calamares y salpimiente. Deje que se enfríe y forme bolitas del tamaño deseado. Empánelas con harina, huevo batido y pan rallado, y fríalas en una sartén con abundante aceite caliente hasta que se doren. Saque las bolitas de la sartén y colóquelas sobre papel de cocina para eliminar el exceso de aceite.

# Calamares a la romana

## Ingredientes

*1/2 kg de calamares*
*2 limones*
*75 g de harina*
*2 huevos*
*Aceite de oliva*
*Sal*

## Preparación

1. Limpie minuciosamente los calamares retirando con cuidado la piel externa, la espina interior y las bolsitas de tinta. Separe las aletas y los tentáculos.
2. Corte el cuerpo de los calamares en anillas homogéneas, los tentáculos y las aletas en trozos y colóquelos en un recipiente.
3. Exprima el zumo de un limón y rocíelo sobre el calamar troceado junto con un chorrito de aceite de oliva.
4. Deje macerar 30 minutos aproximadamente.
5. A continuación rebócelos con harina, huevo batido y sal.
6. En una sartén con aceite caliente fría los calamares ya rebozados hasta que queden doraditos.
7. Escúrralos en papel de cocina para eliminar el exceso de aceite y sírvalos acompañados de unas rodajas de limón.

# Pinchos y tapas con carne

# Codornices rellenas de foie

## Ingredientes

*4 codornices*
*25 g de foie*
*1 trufa*
*8 lonchas de beicon*
*Sal*
*Pimienta*
*Para la salsa de foie:*
*Una nuez de mantequilla*
*Un trozo de foie*
*1 vasito de oporto*
*1 vasito de coñac*
*Sal*
*Pimienta*
*Zumo de 1/2 naranja*

## Preparación

1. Limpie bien las codornices y deshuéselas. Córtelas por la mitad a lo largo y rellene cada mitad con unos trocitos de foie y un poco de trufa. Salpimiéntelas, enróllelas con las lonchas de beicon y sujételas con un palillo.

2. Coloque las codornices sobre la placa del horno y hornéelas a 180 °C durante 15 minutos.

3. Prepare la salsa de foie calentando la mantequilla en una sartén. Añada el foie, el oporto y el coñac, y flambéelo. Salpimiente y agregue el zumo de naranja. Deje reducir la salsa y viértala sobre cada pincho antes de servir.

# Pincho de puerro y apio con jamón

## Ingredientes

1 puerro
2 ramitas de apio
4 lonchas de jamón serrano
Pan

*Para la salsa mayonesa:*
1 huevo
Aceite de oliva
Sal
Zumo de 1/2 limón

## Preparación

1. Lave el puerro y el apio, y póngalos a cocer en una cacerola con agua durante 2 minutos. Transcurrido el tiempo, escúrralos y píquelos finamente.
2. En un recipiente para batidora, introduzca el huevo y un poco de sal. Bata suavemente mientras añade aceite poco a poco hasta que la mayonesa adquiera la consistencia deseada. Añada el zumo de limón para dar sabor y aclarar la mezcla. Si aun así queda muy espesa, agregue un poco de nata.
3. En un cuenco mezcle las verduras con la mayonesa hasta que quede bien ligado.
4. Parta el pan en rebanadas y coloque sobre cada una un poco de la mezcla preparada.
5. Corte el jamón en virutas y añádalas al pincho.

# Flamenquines de carne de ternera

## Ingredientes

*4 filetes de ternera finos*
*8 lonchas de queso para fundir*
*4 lonchas de jamón serrano*
*3 huevos*
*8 cucharadas de harina*
*8 cucharadas de pan rallado*
*Pimienta negra recién molida*
*Aceite de oliva*

## Preparación

1. En un cazo con abundante agua, ponga a cocer dos huevos durante 10 minutos hasta que queden duros. Retire del fuego y enfríelos debajo del grifo. Desprenda la cáscara y píquelos finamente.
2. Extienda los filetes, espolvoréelos con una pizca de pimienta negra y coloque dos lonchas de queso encima de cada filete; sobre el queso, una loncha de jamón serrano, y sobre ésta, un poco de huevo cocido picado.
3. Envuelva los filetes sobre sí mismos formando un rollito y átelos con cuerda de bridar o bien sujételos con palillos.
4. Eche la harina en un plato llano, bata un huevo en un recipiente y extienda el pan rallado en otro plato.
5. Empane los rollitos primero con harina, luego con huevo batido y por último con pan rallado.
6. En una sartén con abundante aceite caliente, fría los flamenquines hasta que estén doraditos. Retire del fuego, colóquelos sobre papel de cocina para eliminar el exceso de aceite y sírvalos calientes.

# Brocheta de ternera con champiñones

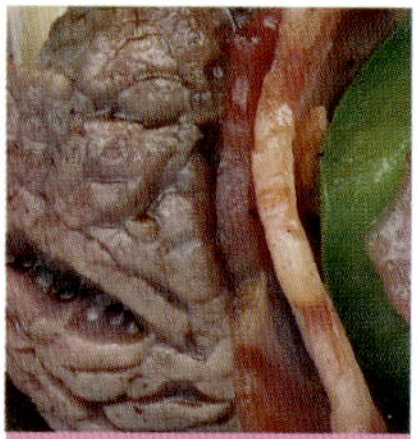

## Ingredientes

8 trozos de
solomillo de ternera
4 champiñones
1 pimiento verde
4 lonchas de beicon
Para la salsa
cazadora:
1/2 puerro
1/2 zanahoria
1 tomate
Aceite de oliva
1/3 l de caldo
de carne

## Preparación

1. Limpie minuciosamente los champiñones con la ayuda de papel de cocina para eliminar los posibles restos de tierra.
2. Lave el pimiento y pártalo en tiras.
3. Pinche en una brocheta un trozo de solomillo, un champiñón, una tira de pimiento, una loncha de beicon doblada y termine con otro trozo de solomillo. Prepare todas las brochetas y hágalas a la plancha.
4. Pique las verduras para preparar la salsa cazadora. Rehóguelas con un poco de aceite en una sartén. Añada el caldo de carne y deje cocer la salsa durante 15 minutos. A continuación cuélela y viértala sobre las brochetas.

# Hojaldre con chistorra

## Ingredientes

*400 g de chistorra*
*400 g de hojaldre*
*2 yemas de huevo*

## Preparación

1. Corte la chistorra en trozos regulares. Estire el hojaldre sobre una superficie lisa y córtelo en rectángulos del mismo largo que la chistorra.
2. Pincele el hojaldre con yema de huevo batida.
3. Coloque sobre cada hojaldre un trozo de chistorra y enrolle formando un rulo. Disponga los rulos sobre la placa del horno engrasada y pincélelos con yema de huevo batida.
4. Introduzca la placa en el horno a 200 °C. Retire cuando los hojaldres empiecen a dorarse.

# Tostada de chistorra a la brasa

## Ingredientes

200 g de panceta
200 g de chistorra
4 lonchas de jamón serrano
4 pimientos del piquillo
4 rebanadas grandes de pan de molde
4 dientes de ajo
Aceite de oliva

## Preparación

1. Corte la panceta, la chistorra, el jamón y los pimientos del piquillo en trozos del mismo tamaño. Haga todo a la plancha y reserve.
2. Retire la corteza a las rebanadas y tuéstelas ligeramente en el horno. Frote cada tostada con un diente de ajo y vierta un chorrito de aceite de oliva.
3. Parta por la mitad las tostadas y coloque sobre cada una los ingredientes reservados. Sirva los pinchos bien calientes.

# Pimientos del piquillo rellenos de carne picada

## Ingredientes

*4 pimientos del piquillo*
*Harina*
*2 huevos*
*Aceite de oliva*
*Sal*
*Pimienta*
*Pan*

*Para el relleno:*

*Una nuez de mantequilla*
*75 g de carne picada de ternera*
*50 g de harina*
*1/2 l de leche*
*1 guindilla*

## Preparación

1. Prepare el relleno en un cazo con la mantequilla, la harina, la leche, la carne y la guindilla picada. Salpimiente y remueva sin cesar para que no salgan grumos. Una vez hecho, déjelo enfriar.
2. Abra los pimientos y rellénelos con el preparado anterior.
3. Páselos por harina y huevo batido, y fríalos en una sartén con abundante aceite caliente hasta que se doren.
4. Por último, coloque los pimientos rellenos sobre papel de cocina para eliminar el exceso de aceite. Si lo desea, puede servirlos sobre rebanadas de pan.

# Mollejas con jamón

## Ingredientes

*1 kg de mollejas de cordero*
*200 g de jamón ibérico*
*Aceite de oliva*
*1 kg de patatas*
*2 cucharadas de mantequilla*
*1 l de leche*
*Sal*

## Preparación

1. Limpie bien las mollejas desechando las telillas y el sebo y póngalas en agua fría durante 3 horas.
2. Escúrralas bien, séquelas con un paño y córtelas en trozos más o menos regulares.
3. En una sartén con aceite caliente, fría las mollejas hasta que queden doraditas. Retírelas de la sartén y escurra con la ayuda de papel de cocina.
4. A continuación, en el mismo aceite en el que ha frito las mollejas, fría ligeramente el jamón cortado en lonchas no muy grandes.
5. En un recipiente mezcle las mollejas con el jamón y reserve, teniendo cuidado de que no pierdan calor.
6. Pele las patatas, lávelas, trocéelas y póngalas a cocer en una olla con agua hirviendo salada durante 30 minutos, hasta que las patatas estén blandas.
7. Escurra las patatas y tritúrelas con un pasapurés. Introduzca las patatas trituradas en un recipiente y mezcle con la mantequilla.
8. Caliente la leche en un cazo y cuando dé un primer hervor retire del fuego y vierta sobre las patatas trituradas.
9. Sálelo al gusto y remuévalo bien con la ayuda de un batidor y con cuidado de que no aparezcan grumos hasta conseguir un puré homogéneo.
10. Sirva el puré en un plato y coloque las mollejas con jamón por encima.

# Callos a la andaluza

## Ingredientes

1 1/2 kg de callos de ternera
1/2 kg de garbanzos
150 g de chorizo
1 hueso de jamón
1 cebolla
1/2 kg de tomates
3 cucharadas de aceite de oliva
Vinagre
1 limón
Sal
Unos granos de pimienta negra
1 cucharada de pimentón
1 hoja de laurel
Unas hojas de hierbabuena

## Preparación

1. Ponga en remojo los garbanzos la noche anterior.
2. Limpie los callos minuciosamente raspándolos con un cuchillo y córtelos en trozos pequeños. Ponga los callos en un recipiente y cambie el agua varias veces. A continuación escúrralos y agregue vinagre, sal y unos trozos de limón en cuartos. Frote bien los callos hasta que queden blancos. Lávelos de nuevo en varias aguas hasta que ésta salga completamente limpia.
3. Pele la cebolla, córtela en trozos y reserve una cucharada de cebolla finamente cortada para el sofrito.
4. Lave el tomate, escáldelo durante 2 minutos en agua hirviendo, pélelo, deseche las pepitas y píquelo.
5. En una sartén con aceite caliente haga un sofrito con la cucharada de cebolla que reservó y el tomate.
6. Ponga los callos en una cacerola al fuego y cúbralos con agua fría durante 5 minutos. Escúrralos, añada agua fría y cuando rompan a hervir añada los garbanzos, la cebolla, la hoja de laurel y hierbabuena, la cucharada de pimentón, el hueso de jamón y sal. Deje cocer a fuego moderado durante 4 horas. A media cocción añada el sofrito, el chorizo, rectifique de sal, añada unos granos de pimienta y deje cocer a fuego lento hasta completar las 4 horas.

# Solomillo de cerdo con pimientos del piquillo

## Ingredientes

*400 g de solomillo de cerdo*
*Un trozo de foie*
*4 pimientos del piquillo*
*Sal*
*Harina*
*2 huevos*
*Pan rallado*
*Aceite de oliva*
*Pan de cereales*

## Preparación

1. Corte el solomillo en rodajas del mismo tamaño y haga lo mismo con el foie.
2. Extienda un pimiento del piquillo sobre una superficie lisa, coloque encima una rodaja de solomillo y, sobre ésta, una de foie. Envuelva con el pimiento formando un paquetito. Haga lo mismo con el resto de los pimientos.
3. Pase los paquetitos por harina, huevo batido y pan rallado y fríalos en una sartén con abundante aceite caliente hasta que se doren. Ponga los paquetitos sobre papel de cocina para eliminar el exceso de aceite.
4. Corte el pan en rebanadas y coloque sobre cada una un paquetito.

# Solomillo de cerdo con patatas panadera

## Ingredientes

*1 solomillo de cerdo*
*2 patatas*
*Aceite de oliva*
*Sal*
*Pimienta*
*Pan*
*Para la mayonesa de ajo:*
*200 g de ajos*
*Aceite de oliva*
*1 huevo*

## Preparación

1. Salpimiente el solomillo y córtelo en rodajas de igual tamaño. En una sartén con aceite caliente, fría el solomillo hasta que se dore por todos lados.
2. Pele las patatas y córtelas en rodajas de 1/2 cm. En una sartén con abundante aceite caliente, fría las patatas hasta que estén tiernas. Retírelas con la ayuda de una espumadera y escúrralas bien para eliminar el exceso de aceite.
3. Para preparar la mayonesa, fría el ajo en un poco de aceite. Retírelo y machákuelo en un mortero. Deje enfriar y añada el huevo. Bata la mezcla con la ayuda de una batidora y añada aceite poco a poco hasta obtener la consistencia deseada.
4. Corte el pan en rebanadas, tuéstelas y coloque sobre cada una de ellas una patata, una rodaja de solomillo y otra patata. Vierta un poco de mayonesa sobre cada pincho. Caliente el grill del horno a 250 °C e introduzca los pinchos hasta que la mayonesa adquiera color.

# Brocheta de solomillo con verduras y beicon

## Ingredientes

*8 trozos de solomillo de ternera*
*4 lonchas de beicon*
*4 champiñones*
*1 calabacín*
*2 tomates*
*Aceite de oliva*

## Preparación

1. En una sartén con aceite caliente, fría el solomillo y el beicon troceado hasta que se doren.
2. Limpie los champiñones con la ayuda de papel de cocina y córtelos por la mitad. Lave el calabacín y córtelo en trozos del mismo tamaño que la carne. Lave los tomates y trocéelos.
3. Fría los champiñones y el calabacín en una sartén con aceite caliente; reserve. Marque los tomates en la sartén. Prepare las brochetas intercalando todos los ingredientes.
4. Si lo desea, puede acompañar el plato con salsa de pimienta verde.

# Solomillo de cerdo en adobo

## Ingredientes

*4 solomillos de cerdo*
*3 dientes de ajo*
*1 cucharadita de orégano*
*4 cucharadas de vinagre*
*1 cucharadita de pimentón dulce*
*1 vasito de agua*
*Aceite de oliva*
*Sal*

## Preparación

1. Para que los solomillos tomen el sabor del adobo, debe prepararlos la noche anterior.
2. Corte los solomillos en trozos regulares y no demasiado pequeños.
3. Pele los ajos y córtelos en dos partes a lo largo.
4. En un recipiente hondo, prepare una mezcla con el orégano, los ajos, 4 cucharadas de vinagre, pimentón, sal y un chorrito de agua.
5. Introduzca los trozos de solomillo en el adobo y asegúrese de que se impregnen bien. Déjelo reposar toda la noche en el frigorífico.
6. Saque del recipiente el solomillo troceado y escúrralo bien para eliminar todo el líquido sobrante.
7. En una sartén con aceite bien caliente, fría la carne adobada separando los ajos para que no se quemen y sírvalo caliente a modo de tapa.

# Carne estofada

## Ingredientes

1 kg de carne
de morcillo
1 cebolla
2 zanahorias
2 puerros
300 g de guisantes
en conserva
1 cucharada de perejil
5 cucharadas
de aceite de oliva
1 vaso de vino blanco
1 vaso de agua
Sal
Pimienta

## Preparación

1. Quite el gordo al morcillo y corte éste en dados.
2. Pele y pique los dientes de ajo y la cebolla finamente.
3. Lave las zanahorias, pélelas y córtelas en rodajas.
4. Lave los puerros para eliminar todo resto de tierra, deseche la parte verde y píquelos finamente.
5. Lave el perejil y píquelo también finamente.
6. Vierta en una cacerola grande el aceite. Agregue la cebolla, el perejil, los puerros y el ajo, sazone la carne con sal y pimienta y colóquela sobre las verduras. Sin dejar de mover para que no se queme, deje rehogar todo a fuego fuerte hasta que se dore.
7. Una vez dorada la carne, añada el vino y el agua y deje cocer a fuego lento aproximadamente una hora hasta que la carne esté tierna. Si es necesario puede añadir agua en pequeñas cantidades para que no se pegue. Cuando el guiso esté casi terminado, incorpore los guisantes.
8. Pinche la carne con una aguja de mechar y si penetra con facilidad estará en su punto.
9. Puede servir la carne con las verduras enteras o bien pasar la salsa por un pasapurés, dejar que dé un hervor y verter sobre la carne.

# Riñones al jerez

## Ingredientes

700 g de riñones de ternera
2 cucharadas de aceite de oliva
1 copa de jerez
25 g de mantequilla
1 vasito de caldo concentrado
1 cucharadita de harina
Sal
Pimienta blanca

## Preparación

1. Limpie minuciosamente los riñones para evitar que tengan un sabor desagradable. Deseche el pellejo, el gordo y el sebo. Abra los riñones dando un corte horizontal, córtelos en pedazos y póngalos en un colador.
2. Ponga una cacerola con agua hirviendo, sumerja el colador con los riñones y déjelos escaldar durante 1 minuto. Sáquelos del agua, séquelos con un paño limpio y sazónelos con sal y pimienta blanca.
3. En una sartén con aceite muy caliente saltee los riñones a fuego vivo durante 5 minutos. Una vez salteados, déjelos escurrir en un colador.
4. Ponga en una cacerola los riñones, ya salteados, añada el jerez y déjelos cocer exactamente 2 minutos.
5. Ponga en un cazo el caldo y la harina amasada con la mantequilla y deje cocer durante unos minutos. Sazone con sal y pimienta y vierta la salsa resultante sobre los riñones, dejándolos al calor pero sin que hiervan más.
6. Sirva los riñones inmediatamente después de hacerlos, para que no pierdan calor.

# Hígado encebollado

## Ingredientes

1/2 kg de hígado
de ternera o cordero
2 cebollas
1/2 kg de tomates
25 g de piñones
50 g de tocino
50 g de manteca
1 vasito de vino blanco
2 dientes de ajo
Sal
Pimienta

## Preparación

1. Corte el tocino en trocitos pequeños.
2. En una sartén vierta la manteca, arrímela al fuego y añada el tocino hasta que se dore.
3. Corte la cebolla finamente y agréguela junto con el hígado cortado en trozos pequeños.
4. Pele los tomates y córtelos en trocitos pequeños. Para que la piel se desprenda con facilidad, escáldelos en agua hirviendo durante 2 minutos.
5. Pasados unos momentos, añada al sofrito los tomates y el vino blanco, salpimiente y deje cocer durante una hora tapado a fuego lento.
6. Machaque los piñones y el ajo. Agregue un poco de agua y a media cocción añada la mezcla al guiso.
7. Si lo desea, puede cortar pan en rebanadas y freírlas en una sartén con aceite caliente hasta que queden doradas para acompañar el plato o esparcir algunos piñones sobre el guiso.

# Oreja de cerdo

## Ingredientes

*1 kg de oreja de cerdo*
*1 hoja de laurel*
*2 cebollas*
*Sal gorda*
*1 zanahoria*
*4 dientes de ajo*
*1 tomate maduro*
*1 pizca de tomillo*
*1 cucharadita de pimentón*
*1 guindilla*
*4 cucharadas de aceite de oliva*
*Sal*
*Pimienta*

## Preparación

1. Limpie cuidadosamente la oreja.
2. En una cacerola con agua fría ponga la oreja con el laurel, una cebolla entera y sal gorda. Déjela cocer durante 2 o 3 horas a fuego medio, para que no se rompa la oreja, hasta que esté tierna. Reserve el caldo.
3. Corte la oreja en tiras o cuadraditos y reserve.
4. Pele la otra cebolla y píquela.
5. Lave la zanahoria, pélela y córtela también en cuadraditos.
6. Pele los dientes de ajo y píquelos finamente.
7. Escalde el tomate durante 2 minutos en agua hirviendo para desprender fácilmente la piel, pélelo, deseche las semillas y píquelo.
8. En una sartén con aceite caliente sofría la cebolla, la zanahoria y los dientes de ajo durante 5 minutos.
9. A continuación añada el tomate, una pizca de tomillo, una cucharadita de pimentón, la guindilla cortada en aros y dos cucharones del caldo de hervir la oreja. Agregue al sofrito la oreja y deje cocer 5 minutos más.
10. Salpimiente y sírvala caliente.

# Pincho de champiñón con morcilla

## Ingredientes

1 morcilla de arroz
4 champiñones grandes
Sal gorda
1 cebolla
Sal
Pimienta
Harina
Aceite de oliva
Pan de molde

## Preparación

1. Corte la morcilla en trozos de 5 cm y fríala en una sartén con aceite caliente.
2. Limpie los champiñones con la ayuda de papel de cocina y fríalos en otra sartén con aceite. Escúrralos sobre papel de cocina y sazónelos con sal gorda.
3. Corte la cebolla en aros finos, salpimiéntelos, páselos por harina y fríalos en aceite caliente hasta que se doren. Déjelos enfriar.
4. Coloque sobre una rebanada de pan de molde tostado un trozo de morcilla y un champiñón; sujete con un palillo y ponga encima un poco de cebolla.

# Pollo marinado

## Ingredientes

*1 pollo*
*75 g de harina*
*1/4 l de caldo de pollo*
*5 cucharadas*
*de aceite de oliva*
*Sal*
*Pimienta*
*Marinada:*
*1/2 l de vino blanco*
*1 cebolla grande*
*1 puerro*
*1 zanahoria*
*1 rama de apio*
*2 dientes de ajo*
*10 granos de pimienta*

## Preparación

1. Limpie el pollo desechando la grasa y córtelo en trozos no muy grandes.
2. Lave, pele y pique finamente todos los ingredientes para la marinada.
3. Coloque en un recipiente los ingredientes de la marinada, añada los trozos de pollo y deje marinar tapado en el frigorífico durante al menos un día. Una vez cumplido el tiempo, escurra el pollo, séquelo con un papel de cocina, enharínelo y guarde el caldo de la marinada y las verduras.
4. En una cacerola con aceite caliente, fría el pollo hasta que se dore. Añada las verduras de la marinada y dórelas.
5. Añada el líquido de la marinada y el caldo, salpimiente y cuando dé el primer hervor, baje el fuego y deje cocer durante 1 hora.
6. Cuando esté cocido el pollo, repártalo en platos y reserve cerca del calor.
7. Haga una salsa con el caldo resultante removiendo con una cuchara de madera para que se reduzca y tome consistencia. Compruebe el punto de sal y vierta la salsa sobre el pollo a la hora de servir.

# Sangrecilla con tomate

## Ingredientes

*1/2 kg de sangrecilla de ternera*
*1 cebolla*
*1 pimiento verde*
*2 dientes de ajo*
*1 kg de tomates maduros*
*7 cucharadas de aceite de oliva*
*1 hoja de laurel*
*Sal*
*1 cucharadita de azúcar*

## Preparación

1. Pele la cebolla y córtela finamente.
2. Lave el pimiento, deseche las semillas y córtelo en tiras no demasiado finas.
3. Pele y pique los ajos.
4. En una sartén con 3 cucharadas de aceite caliente, sofría a fuego lento los ingredientes anteriores con cuidado de que no se quemen y moviendo de vez en cuando hasta que queden tiernos. Retire de la sartén y reserve.
5. Para que la piel de los tomates salga fácilmente, introdúzcalos durante 2 minutos en agua hirviendo. Desprenda la piel y córtelos en cuadraditos.
6. Vierta en la misma sartén el resto del aceite y fría el tomate tapado a fuego lento. Añada el sofrito anterior, compruebe el punto de sal y si es necesario añada una cucharadita de azúcar para quitar la acidez del tomate.
7. Corte la sangrecilla en cuadrados regulares y añádala al sofrito dando vueltas con una cuchara de madera, teniendo cuidado de que no se deshaga.
8. Deje cocer unos instantes junto con la hoja de laurel para que coja sabor. Sírvase caliente.

# Pinchos y tapas variadas

# Croquetas de hongos

## Ingredientes

*200 g de boletos*
*Harina*
*2 huevos*
*Pan rallado*
*Aceite de oliva para freír*

*Para la besamel:*
*2 cucharadas de aceite de oliva*
*40 g de harina*
*1/2 l de leche*
*Sal*
*Nuez moscada*

## Preparación

1. Limpie los boletos minuciosamente con la ayuda de papel de cocina para eliminar los posibles restos de tierra y píquelos finamente.
2. En una sartén con un chorrito de aceite caliente, haga los hongos hasta que se doren ligeramente.
3. Prepare una besamel en un cazo mezclando el aceite con la harina y la leche. Sazónela y añada un poco de nuez moscada. Mezcle la besamel con los boletos, déjela enfriar y forme bolitas alargadas. Páselas por harina, huevo batido y pan rallado, y fríalas en una sartén con abundante aceite caliente hasta que se doren.
4. Sáquelas de la sartén y colóquelas sobre papel de cocina para eliminar el exceso de aceite.

# Volovanes de queso fundido con crema de ajo

## Ingredientes

8 volovanes de hojaldre
Queso para fundir

Para la crema de ajo:
2 dientes de ajo
Aceite de oliva
Sal
Vinagre

## Preparación

1. Prepare la crema picando finamente los ajos y mezclándolos con aceite, sal y vinagre. Reserve.
2. Rellene cada volován con un poco de queso y colóquelos sobre la bandeja del horno.
3. Introduzca en el horno y gratine los volovanes hasta que se dore el queso.
4. Sirva los volovanes acompañados con la crema de ajo.

# Pencas de acelga rellenas de jamón y queso

## Ingredientes

| | |
|---|---|
| 8 pencas de acelga | Harina |
| 200 g de jamón de york | 2 huevos |
| 200 g de queso roncal | Pan rallado |
| | Aceite de oliva |

## Preparación

1. Escalde las pencas en agua hirviendo durante 1 minuto, escúrralas y séquelas con papel de cocina.
2. Corte el jamón y el queso en tiras del mismo tamaño. Coloque una tira de jamón y otra de queso sobre una penca y tápela con otra penca. Sujete el pincho con 2 palillos para que no se salga el relleno y repita la misma operación con el resto de las pencas.
3. Pase las pencas por harina, huevo batido y pan rallado, y fríalas en una sartén con abundante aceite caliente hasta que se doren.
4. Por último, escurra las pencas sobre papel de cocina para eliminar el exceso de aceite.

# Jamón con queso brie

## Ingredientes

*Pan*
*4 lonchas de jamón serrano*
*Queso brie*
*Para la salsa de frambuesa:*
*1 dl de moscatel*
*4 cucharadas de mermelada de frambuesa*
*5 g de canela molida*

## Preparación

1. Corte el pan en rebanadas.
2. En una sartén al fuego, tueste las lonchas de jamón ligeramente. Sáquelas y colóquelas sobre el pan.
3. Parta el queso en rodajas y añada una a cada pincho mientras el jamón esté aún caliente para que el queso se deshaga. Si lo desea, puede meter los pinchos en el horno de modo que el queso se funda completamente.
4. Por último, prepare la salsa de frambuesa cociendo en un cazo el moscatel, la mermelada y la canela durante unos minutos. Cuélela y vierta sobre cada pincho.

# Pincho de queso con jamón rebozado

## Ingredientes

*400 g de queso emmental*
*4 lonchas gruesas de jamón de york*
*1 huevo batido*
*Pan rallado*
*Aceite de oliva*

## Preparación

1. Corte el queso en tacos. Pinche en un palillo un taco de queso, un trocito de jamón y termine con otro taco de queso.
2. Empane los pinchos con huevo batido y pan rallado, y fríalos en una sartén con abundante aceite caliente hasta que estén doraditos.
3. Por último, sáquelos de la sartén y colóquelos sobre papel de cocina para eliminar el exceso de aceite.

# Montadito de jamón con setas

## Ingredientes

*150 g de setas de cardo*
*Aceite de oliva*
*4 lonchas de jamón serrano*
*2 dientes de ajo*
*Pan*

## Preparación

1. Limpie las setas con la ayuda de papel de cocina, córtelas en trozos y fríalas en una sartén con aceite junto con el ajo picado. Pase el jamón por la sartén para calentarlo.
2. Corte el pan en rebanadas y tuéstelo.
3. Coloque sobre cada rebanada unas cuantas setas envueltas con el jamón.

# Tosta de ibérico con huevo pochado

## Ingredientes

*Pan*
*4 dientes de ajo*
*2 tomates*
*Aceite de oliva*
*4 lonchas de jamón ibérico*
*4 huevos*
*4 lonchas de queso emmental*
*Sal*

*Para la besamel:*
*50 g de mantequilla*
*75 g de harina*
*1/2 l de leche*
*Sal*
*Pimienta*
*Nuez moscada*

## Preparación

1. Corte el pan en rebanadas, tuéstelo, frótelo con el ajo y el tomate, sazónelo y riéguelo con un chorrito de aceite.
2. Ponga una loncha de jamón en cada rebanada. Poche los huevos en una sartén y colóquelos sobre el jamón.
3. Prepare una besamel en un cazo mezclando la mantequilla derretida con la harina y la leche. Salpimiente, añada nuez moscada y vierta la besamel sobre el pan.
4. Por último, coloque encima una loncha de queso y gratine los pinchos en el horno hasta que se funda ligeramente el queso.

# Jamón con alioli

## Ingredientes

*4 lonchas de jamón serrano cortadas en virutas*
*Pan*
*Para la salsa:*
*1 huevo*
*Aceite de oliva*
*Sal*
*Zumo de 1/2 limón*
*3 dientes de ajo*
*Un chorrito de aceite de oliva*
*Un vasito de nata líquida*

## Preparación

1. En un recipiente para batidora introduzca el huevo y un poco de sal. Bata suavemente mientras añade aceite poco a poco hasta que la mayonesa adquiera la consistencia deseada. Añada el zumo de limón para dar sabor y aclarar la mezcla.
2. Pele y pique finamente los ajos.
3. Mezcle 2 cucharadas de la mayonesa con los ajos picados y el chorrito de aceite, y bátalo con la ayuda de una batidora mientras añade la nata poco a poco hasta que quede bien ligado. Añada el jamón y remueva hasta que se mezcle bien.
4. Parta el pan en rebanadas y coloque sobre cada una un poco de la mezcla preparada.

# Queso roquefort con anchoas y palmito

## Ingredientes

*Pan*
*Anchoas*
*Queso roquefort*
*Palmito*
*Pimiento del piquillo*
*Perejil*

## Preparación

1. Corte rebanadas de pan de barra o utilice biscotes.
2. Coloque dos anchoas sobre cada rebanada.
3. Encima de las anchoas, en un extremo del pan, ponga un dado de roquefort.
4. Escurra los palmitos, córtelos al bies y dispóngalos sobre el otro extremo del pan.
5. Adorne con el pimiento del piquillo y el perejil. También puede cortar unos trozos de palmito a lo largo para adornar el plato.

# Delicias de roquefort

## Ingredientes

*Queso roquefort*
*Nata líquida*
*1 pimiento del piquillo*

## Preparación

1. Corte en pedacitos el queso roquefort y mézclelo con la nata líquida.
2. Si el pimiento del piquillo es fresco, hornéelo durante unos minutos hasta que la piel se desprenda fácilmente. Si es enlatado, escúrralo para eliminar el exceso de líquido.
3. Corte el pimiento en trocitos pequeños.
4. Coloque sobre cucharas individuales un toque de roquefort y adorne con un trocito de pimiento.
5. Si lo desea, también puede extender la mezcla de roquefort sobre pan tostado y adornar con unas nueces.

# Pollo verde

## Ingredientes

*Pan*
*Pechugas de pollo*
*Lechuga*
*Cebolla*
*Salsa mayonesa*

## Preparación

1. Trocee las pechugas y fríalas en aceite de oliva.
2. Desmigue el pollo y reserve.
3. Lave bien la lechuga en abundante agua fría. Píquela y centrifúguela.
4. Elabore una salsa mayonesa con huevo, limón, vinagre y sal y añada la cebolla bien picadita.
5. Mézclelo todo y colóquelo sobre una rebanada de pan.

# Tartaletas con ensalada de pollo

## Ingredientes

*Tartaletas*
*Pollo*
*Lechuga*
*Maíz*
*Salsa mayonesa*

## Preparación

1. En una cacerola, cueza el pollo durante unos minutos.
2. Lave minuciosamente la lechuga y centrifúguela para eliminar el exceso de agua.
3. Desmigue el pollo y pique la lechuga finamente.
4. Mezcle todos los ingredientes junto con la salsa mayonesa y añada el maíz.
5. Rellene con la pasta preparada las tartaletas y adorne con un poco de maíz.

# Rollitos de york con champiñón y jamón

## Ingredientes

*Jamón de york*
*Queso*
*100 g de champiñón*
*Jamón serrano*
*80 g de mantequilla*
*2 o 3 cucharadas de harina*
*3/4 l de leche*
*Pimienta*
*Sal*
*Zumo de limón*
*Huevo*
*Pan rallado*

## Preparación

1. Limpie con papel de cocina los champiñones, córtelos en trocitos y rocíe con zumo del limón para que no se ennegrezcan. Reserve.
2. Corte el jamón serrano finamente. Reserve.
3. Caliente un cazo y eche la mantequilla. Cuando se haya fundido, añada la harina y rehogue removiendo con una cuchara de madera durante unos minutos sin que la harina llegue a tostarse.
4. Siga removiendo mientras vierte la leche con cuidado de que no se formen grumos y, cuando la mezcla tenga una consistencia fina, sazone con sal, pimienta molida y añada los trocitos de champiñón y el jamón. Deje cocer 10 minutos sin dejar de remover.
5. Coloque una loncha de jamón de york y sobre ella otra de queso. Envuelva las dos lonchas con la besamel una vez fría y reboce primero en huevo y luego en pan rallado.
6. Fríalo en abundante aceite de oliva.
7. Coloque encima de cada rollito un trocito de champiñón y una loncha pequeña de jamón serrano en forma de rollito.

# Tortilla de ajetes

## Ingredientes

*200 g de ajetes*
*4 huevos*
*1/2 kg patatas*
*Sal*
*Pan*

## Preparación

1. Pele las patatas y córtelas en rodajas. Fríalas en aceite hasta que estén blandas. Escurra el aceite y reserve.
2. Retire las hojas externas de los ajetes y su terminación más verde.
3. Pique los ajetes minuciosamente y rehóguelos en una sartén con aceite de oliva a fuego lento.
4. Una vez hechos, retírelos.
5. En un cuenco bata los huevos, mezcle todo con los ajetes ya rehogados y sálelo.
6. En una sartén, caliente un poquito de aceite de oliva. Eche las patatas y la mezcla anterior. Haga una tortilla a fuego lento y durante poco tiempo para que quede jugosa.
7. Por último, corte la tortilla en cuadraditos y colóquelos sobre el pan.

# Espárragos con bonito y mayonesa

## Ingredientes

*Pan*
*Salsa mayonesa*
*Espárragos en conserva*
*Bonito en conserva*
*Alcaparras*

## Preparación

1. Corte rebanadas de pan o bien utilice biscotes.
2. Unte cada rebanada de pan con salsa mayonesa.
3. A continuación, escurra bien los espárragos para que no suelten líquido.
4. Coloque 2 espárragos sobre cada rebanada de pan.
5. Escurra igualmente el bonito y córtelo en taquitos, que irán encima de los espárragos, a lo largo.
6. Entre los espárragos, disponga las alcaparras.
7. Si lo desea, puede adornar el plato con naranjas hechas rodajas y decoradas con un acanalador.

# Filetitos de pavo rebozados con setas

## Ingredientes

*Pan*
*Huevo*
*Pan rallado*
*Filetes de pavo*
*Pimientos verdes*
*Setas de cardo*

## Preparación

1. Lave los pimientos, corte la parte superior y retire las semillas del interior.
2. Empane los filetes de pavo en huevo y pan rallado. Fríalos en abundante aceite de oliva junto con los pimientos verdes.
3. Pele los pimientos una vez fríos.
4. Limpie las setas con papel de cocina para que no absorban agua. Una vez limpias, hágalas a la plancha.
5. Coloque sobre una rebanadita de pan el pimiento verde, encima el pavo empanado y como colofón las setas.

# Cangrejos de río picantes

## Ingredientes

*1/2 kg de cangrejos de río vivos*
*1 kg de tomates maduros*
*1/2 cebolla*
*5 dientes de ajo*
*2 guindillas*
*6 cucharadas de aceite de oliva*
*1 cucharadita de azúcar*
*Sal*

## Preparación

1. Lave los cangrejos y deseche los que no estén vivos.
2. Pele la cebolla y píquela finamente. Pele los ajos y trocéelos en láminas no muy finas.
3. En una sartén con 3 cucharadas de aceite caliente, sofría la cebolla hasta que esté tierna. Añada los ajos y dórelos. Suba el fuego y eche los cangrejos. Deje freír hasta que los cangrejos tomen un color rojizo junto con las guindillas.
4. Retire del fuego, escurra los cangrejos, la cebolla y los ajos y reserve el aceite.
5. Escalde los tomates con agua hirviendo durante 2 minutos para que la piel se desprenda con facilidad y tritúrelos en un pasapurés.
6. Vierta el resto del aceite en la sartén anterior y sofría el tomate a fuego lento durante 15 minutos. Añada un poco de azúcar para contrarrestar la acidez y sálelo al gusto.
7. Eche los cangrejos, la cebolla y los ajos reservados encima del sofrito de tomate. Cocínelo durante 15 minutos más.
8. Compruebe el punto de sal y sírvalos bien calientes.

# Tartaletas de paté con pasas

## Ingredientes

*Tartaletas*
*Paté de foie*
*Mantequilla*
*Almendras crudas laminadas*
*Pasas*

## Preparación

1. En un cuenco, mezcle el paté con mantequilla para que quede una pasta más espesa.
2. Compre almendras crudas ya laminadas.
3. En una sartén caliente, tueste ligeramente las almendras, con cuidado de que no se quemen.
4. Rellene las tartaletas con la mezcla de paté, coloque algunas pasas por encima y agregue las almendras tostadas.
5. Si lo desea, puede adornar el plato poniendo una cestita de naranja con algunas guindas en su interior.

# Huevos a la manchega

## Ingredientes

1 cebolla
1 diente de ajo
1 zanahoria
1 kg de tomates
6 cucharadas de aceite de oliva
Sal
Pimienta
1 cucharadita de azúcar
150 g de bonito en escabeche
4 huevos
Pan frito

## Preparación

1. Pele y pique finamente la cebolla, el ajo y la zanahoria.
2. Escalde los tomates en agua hirviendo durante 2 minutos para que la piel salga con facilidad. Desprenda la piel y píquelos.
3. En una sartén con aceite caliente, fría los ingredientes anteriormente picados y sazone con sal y pimienta.
4. Pase el sofrito por la batidora y después por el chino para que quede una salsa fina. Compruebe el punto de sal y añada el azúcar para contrarrestar la acidez.
5. Desmigue el bonito y añádalo a la salsa anterior. Remuévalo bien y coloque la salsa en una fuente especial para horno.
6. Casque los huevos sobre la salsa con cuidado de no romper las yemas e introduzca la fuente en el horno, previamente calentado a 250 °C, y espere a que se cuajen las claras.
7. Retire la fuente del horno y acompañe el plato con unas rebanadas de pan frito.

# Bolitas de patata rellenas de espinacas

## Ingredientes

250 g de espinacas
10 cucharadas de pan rallado
10 cucharadas de harina
10 cucharadas de aceite de oliva
Sal
1/2 cebolla
2 huevos

Puré de patatas:
1 kg de patatas
1 l de leche
2 cucharadas de mantequilla
10 cucharadas de queso rallado
Sal

## Preparación

1. Elija patatas especiales para cocer. Pele las patatas, lávelas y póngalas a cocer con agua fría hasta que estén tiernas.
2. Escurra las patatas y páselas por el pasapurés.
3. En una cacerola eche el puré y agregue la leche caliente y la mantequilla; trabaje con una espátula para que quede fino y añada el queso rallado. Déjelo enfriar y reserve.
4. Lave las espinacas cuidadosamente, eliminando todo resto de tierra. Píquelas, póngalas a cocer hasta que estén hechas y escúrralas bien.
5. En una sartén con 3 cucharadas de aceite caliente, sofría la cebolla muy picadita y cuando esté tierna añada las espinacas y sazone.
6. En un recipiente, mezcle, con la ayuda de una espátula, el puré de patatas y las espinacas hasta que quede una masa homogénea. Sálelo al gusto.
7. Con la ayuda de dos cucharas, forme bolitas y páselas por harina, huevo batido y pan rallado.
8. En una sartén con el resto del aceite muy caliente, fría las bolitas hasta que se doren.
9. Colóquelas sobre papel de cocina para eliminar el exceso de aceite y sírvalas como tapa.

# Bocaditos de cabrales

## Ingredientes

*250 g de queso cabrales*
*1/2 l de leche*
*25 g de queso Philadelphia*
*1 cucharada de mantequilla*
*3 cucharadas de harina*
*2 huevos*
*Pan rallado*
*Aceite de oliva*
*Sal*

## Preparación

1. Mezcle, con la ayuda de una batidora, el queso cabrales, la leche, el queso Philadelphia y la sal hasta que quede una crema homogénea y sin grumos.
2. Ponga una sartén al fuego y derrita la mantequilla. Añada la harina y remueva, con una cuchara de palo, hasta que forme una masa y quede ligeramente dorada. Agregue la crema de queso anterior y la leche sin dejar de remover.
3. Cueza 10 o 15 minutos y deje enfriar para que se endurezca y se forme una masa.
4. Corte la masa en porciones y pásela primero por harina, luego por huevo batido y por último por pan rallado.
5. En una sartén a fuego vivo con abundante aceite caliente, fría los bocaditos de queso empanados en cantidades pequeñas, para que el aceite no baje su temperatura, hasta que estén doraditos. Escúrralos con la ayuda de papel de cocina y deje enfriar unos minutos antes de servir.

# Caracoles con jamón

## Ingredientes

1 kg de caracoles
300 g de sal
1 vaso de vinagre
1 cebolla
2 dientes de ajo
100 g de jamón serrano
1 ramita de perejil
Aceite de oliva
Salsa de tomate
Una hoja de laurel
Tomillo
Clavo
Pimienta

## Preparación

1. Elija caracoles de viña; si es posible, en otoño. Es importante que estén muy limpios y para ello es necesario hacerles ayunar durante 10 días.
2. Con ayuda de un cuchillo, perfore el tabique de los caracoles, eliminando la baba que se ha endurecido. Lávelos en un recipiente con agua tibia para eliminar el resto de tierra. Repita la operación varias veces. Deje los caracoles en el recipiente, añada tres puñados de sal, un vaso de vinagre y agua tibia y déjelos en remojo durante 2 horas, removiendo de vez en cuando.
3. Después de 2 horas agregue más agua, restriéguelos y cambie el agua hasta que queden limpios por completo.
4. Ponga los caracoles en una cacerola con agua fría y déjelos un rato para que saquen el cuerpo. A continuación póngalos a hervir a fuego vivo durante 10 minutos. Escúrralos.
5. Pique la cebolla, el ajo y el perejil finamente.
6. Parta el jamón en cuadraditos.
7. Ponga bastante aceite en una cacerola, cuando esté caliente, eche la cebolla, el ajo, el perejil y rehogue bien. Añada el jamón, un poco de salsa de tomate, el laurel, el tomillo, pimienta, clavo; sazone. Cuando el sofrito esté hecho agregue los caracoles ya escurridos y dé unas vueltas para que se impregnen. Cubra de agua y deje hervir durante 3 horas.

# Aguacates rellenos de atún

## Ingredientes

*4 aguacates*
*5 palitos de cangrejo*
*2 latas de atún en aceite de oliva*
*1/2 cebolla*
*30 g de maíz*
*Zumo de 1/2 limón*

*Salsa rosa:*

*1 huevo*
*Aceite de oliva*
*1 limón*
*3 cucharadas de kétchup*
*1 cucharadita de whisky o coñac*
*Unas gotas de zumo de naranja*
*1 cucharada de leche o nata líquida*
*Sal*

## Preparación

1. Desmenuce en tiras los palitos de cangrejo.
2. Escurra el atún y desmíguelo.
3. Pique la cebolla finamente.
4. Haga una salsa mayonesa consistente con el huevo, el aceite y la sal. A continuación añada el zumo de limón, el kétchup, el whisky, el zumo de naranja y la leche.
5. Mezcle en un cuenco el cangrejo, el atún, la cebolla y el maíz. Agregue la salsa rosa y remuévalo bien.
6. Pele los aguacates, córtelos por la mitad a lo largo y saque el hueso. Rocíelos inmediatamente con el zumo de limón para que no se ennegrezcan.
7. Introduzca la mezcla anteriormente preparada, con la ayuda de una cucharilla, en el hueco del hueso de los aguacates.
8. Deje enfriar en el frigorífico cubriéndolos con film transparente.

# Pisto manchego

## Ingredientes

*1/2 kg de calabacines*
*1/2 kg de tomates*
*1/2 kg de pimientos*
*2 cebollas medianas*
*1 diente de ajo*
*5 cucharadas de aceite de oliva*
*Sal*
*1 cucharadita de azúcar*

## Preparación

1. Pele la cebolla y el ajo finamente.
2. Lave el perejil y píquelo.
3. Lave los pimientos, deseche las semillas y córtelos en trozos no muy pequeños y un poco alargados.
4. Elija tomates maduros y escáldelos en agua hirviendo durante 2 minutos para desprender la piel con facilidad. Quíteles la piel y las semillas y córtelos en pedacitos.
5. Lave los calabacines y córtelos en cuadraditos.
6. En una sartén con aceite caliente, eche la cebolla, el ajo y el perejil, moviendo de vez en cuando, hasta que la cebolla quede tierna.
7. Añada al sofrito anterior los pimientos y deje rehogar lentamente tapado.
8. A continuación agregue los calabacines y los tomates. Deje cocer a fuego lento tapado durante 15 minutos hasta que esté en su punto.
9. Compruebe el punto de sal y si es necesario añada una cucharadita de azúcar para quitar la acidez del tomate.

# Empanadillas de atún

## Ingredientes

*8 obleas para empanadillas*
*3 huevos*
*1 lata de atún en aceite de oliva*
*1 lata de pimiento morrón*
*1/2 cebolla*
*1/2 kg de tomates maduros*
*Aceite de oliva*
*Sal*

## Preparación

1. En un cazo con agua fría cueza los huevos, durante 10 minutos, hasta que queden duros y píquelos.
2. Escurra el atún y desmíguelo.
3. Escurra el pimiento morrón, quite las pepitas y trocéelo del mismo modo que ha hecho con el huevo.
4. Lave los tomates. Para que la piel salga con facilidad escalde los tomates en agua hirviendo durante 2 minutos. Desprenda la piel, deseche las semillas y píquelos finamente junto con la cebolla.
5. En una sartén con aceite caliente, prepare un sofrito con los tomates y la cebolla. Cuando esté hecho el tomate, añada una pizca de azúcar para quitar la acidez. Salpimiente.
6. Agregue al sofrito el atún, el pimiento morrón y los huevos. Deje enfriar.
7. Extienda las obleas y coloque un poco del sofrito resultante en cada una.
8. Doble las obleas, humedezca los extremos y presiónelos con los dientes de un tenedor para que queden bien sellados y el sofrito no se salga.
9. Fría las empanadillas en una sartén con abundante aceite caliente hasta que estén doradas.

# Champiñones al ajillo

## Ingredientes

*1 kg de champiñones*
*4 dientes de ajo*
*5 cucharadas de aceite de oliva*
*Perejil*
*1 limón*
*Sal*

## Preparación

1. Para que los champiñones no absorban agua, no se deben limpiar bajo el grifo; es preferible utilizar papel de cocina para eliminar los restos de tierra. Córtelos en láminas.
2. Exprima el zumo de 1 limón y viértalo sobre los champiñones para evitar que se ennegrezcan.
3. Pele los dientes de ajo y córtelos en láminas finas.
4. En una cazuela con aceite caliente, saltee los ajos sin dejar de remover y con cuidado de que no se quemen.
5. Sazone los champiñones y añádalos a la cazuela junto con el zumo de limón. Deje cocer 5 minutos más y, justo antes de terminar, espolvoréelos con perejil picado.
6. Disponga los champiñones a modo de tapa y sírvalos bien calientes.

# Croquetas a la española

## Ingredientes

| | |
|---|---|
| 50 g de jamón | 1 huevo |
| 125 g de carne picada de ternera | 10 cucharadas de harina |
| 1/2 l de leche | Sal |
| 40 g de manteca | Pimienta |
| 200 g de pan rallado | Aceite de oliva |

## Preparación

1. Ponga en un cazo la manteca y, cuando se derrita, añada la carne desmenuzada.
2. Corte el jamón en cuadraditos pequeños y añádalos al cazo donde ha rehogado la carne.
3. Cuando la carne esté hecha, añada 10 cucharadas de harina, remueva para que la harina no quede cruda y vaya añadiendo la leche fría sin dejar de mover con un batidor para que no se formen grumos. Deje cocer durante un buen rato.
4. Salpimiente, vierta sobre una fuente llana y deje enfriar.
5. Para que la masa adquiera consistencia, conviene que la deje reposar al menos cuatro horas a temperatura ambiente.
6. Coloque la masa en una manga pastelera sin utilizar ninguna boquilla y con una abertura no muy pequeña. Sobre una bandeja con el pan rallado fino y pasado por un colador, haga tiras alargadas y a continuación con un cuchillo corte la masa según el tamaño deseado.
7. En un cuenco bata el huevo con 1 cucharada de harina y 3 de agua. Reboce las croquetas, con la ayuda de dos tenedores, en el huevo y después otra vez en el pan rallado.
8. Fría las croquetas en una sartén honda con aceite bien caliente hasta que se doren. Retírelas del fuego y déjelas escurrir en un papel de cocina.

# Paquetitos de roquefort con jamón

## Ingredientes

*Para las crepes:*
*1/2 l de leche*
*4 huevos*
*Una pizca de sal*
*125 g de harina*
*Mantequilla*
*Perejil*
*Para el relleno:*
*1/2 l de leche*
*1 cucharada de harina*
*150 g de queso roquefort*
*4 lonchas de jamón serrano*

## Preparación

1. Prepare las crepes mezclando en un recipiente hondo la leche, los huevos, una pizca de sal y la harina hasta que se forme una mezcla homogénea.
2. En una sartén con un poco de mantequilla, fría 2 cucharadas de la mezcla preparada dando forma de crepe. Dele la vuelta para que se haga por ambos lados. Haga lo mismo con el resto de la mezcla.
3. Para el relleno, ponga a hervir en un cazo la leche con la harina, previamente diluida en un poco de leche, y el queso. Remuévalo bien hasta que se forme una crema homogénea sin grumos.
4. Coloque una crepe en un plato, ponga encima una loncha de jamón y un poco de crema de queso y pliéguela en forma de bolsita. Repita la misma operación con el resto de las crepes y cierre cada una con una ramita de perejil.

# San Fermín

## Ingredientes

4 huevos
4 palitos de cangrejo
8 aceitunas verdes deshuesadas
8 tiras de pimiento del piquillo

Para la salsa mayonesa:
1 huevo
Aceite de oliva
Sal
Zumo de 1/2 limón

## Preparación

1. Ponga a cocer los huevos en un cazo con agua durante 12 minutos a partir del primer hervor. Sáquelos y pélelos. Corte un trocito en los dos polos de los huevos; reserve. Parta por la mitad el resto y retire las yemas. Píquelas y mézclelas con el cangrejo también picado. Reserve.
2. Para hacer la mayonesa, introduzca en un recipiente para batidora el huevo y un poco de sal. Bata suavemente mientras añade aceite poco a poco hasta que la salsa adquiera la consistencia deseada. Añada el zumo de limón para dar sabor y aclarar la mezcla.
3. Mezcle la mayonesa con las yemas y el cangrejo, y rellene las claras de huevo cocidas.
4. Pinche un palillo con una aceituna en cada huevo. Añada la rodajita de huevo que reservó y termine colocando una tira de pimiento del piquillo a modo de pañuelo.

# Y de postre… ¡dulce!

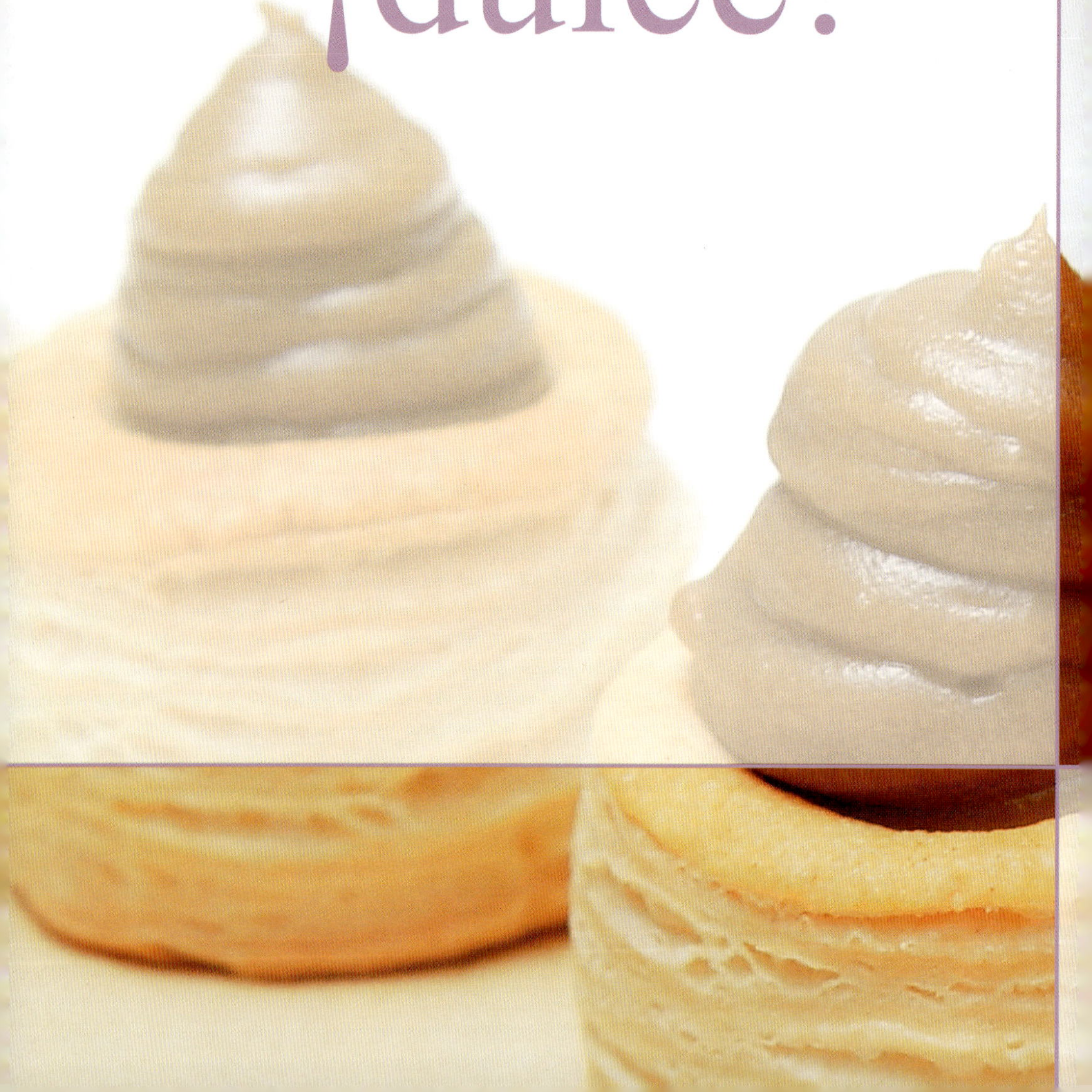

# Brocheta de jamón con frutas

## Ingredientes

*8 fresas*
*8 trozos de mango*
*8 trozos de piña*
*8 lonchas de jamón serrano*

*Para la salsa:*

*150 g de fresas*
*2 cucharadas de aceite de oliva*
*2 cucharadas de vinagre*
*100 g de azúcar*

## Preparación

1. Enrolle cada loncha de jamón sobre sí misma y pínchelas en las brochetas, intercalándolas con las frutas.
2. Prepare la salsa mezclando primero el aceite y el vinagre. Añada las fresas y el azúcar, triture la salsa resultante y viértala sobre las brochetas antes de servir.

# Patatas con manzana y foie

## Ingredientes

*4 patatas*
*200 g de mousse de pato*
*1 manzana*
*Aceite de oliva*
*200 g de foie de pato*
*2 dl de caldo de carne*

## Preparación

1. Lave las patatas y póngalas a cocer en una cacerola con agua hirviendo hasta que estén tiernas (compruébelo pinchándolas con una aguja; si sale con facilidad, ya están listas).
2. Pele las patatas. Córtelas por la mitad y rellene con la mousse de pato.
3. Pele, despepite y corte en rodajas la manzana. Colóquelas en una sartén, cúbralas con aceite y fríalas a fuego lento durante 15 minutos. Ponga una rodajita de manzana sobre cada patata.
4. Corte el foie en rodajas y márquelo en una sartén.
5. Termine los pinchos colocando un trocito de foie sobre cada uno y vertiendo el caldo de carne caliente por encima.

# Manzana frita con azúcar

## Ingredientes

4 manzanas
Zumo de 1 limón
75 g de harina
2 cucharadas de azúcar
Aceite de oliva
Agua con gas
1 sobre de levadura

## Preparación

1 Pele las manzanas, deseche el corazón con la ayuda de un descorazonador y córtelas en rodajas de 0,5 cm aproximadamente.

2 Ponga las rodajas de manzana en un cuenco, vierta inmediatamente el zumo de limón para que no se ennegrezcan, añada dos cucharadas de azúcar y deje macerar 1 hora.

3 En un cuenco, ponga el agua con gas, un sobre de levadura y la harina. Con la ayuda de un batidor, remueva bien la mezcla hasta conseguir una masa fina.

4 Reboce las rodajas de manzana con la masa.

5 En una sartén con aceite caliente, fría las rodajas en cantidades pequeñas con cuidado de que no se quemen pero cojan un poco de color.

6 Ponga las rodajas sobre papel de cocina según las va friendo para eliminar todo resto de aceite.

7 Coloque la manzana frita en un plato y espolvoree con azúcar.

# Pincho de plátano y beicon con salsa de manzana

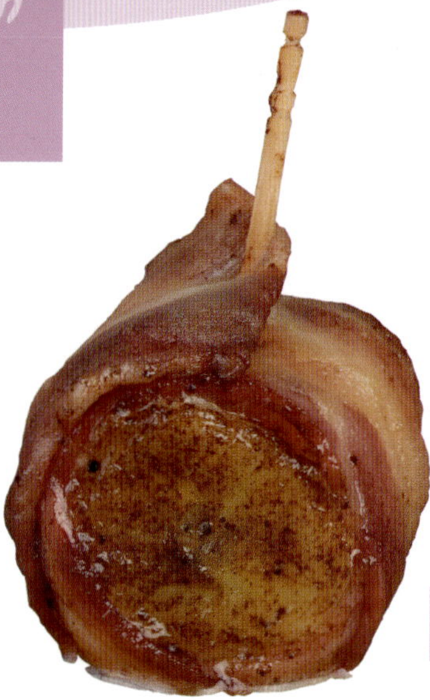

## Ingredientes

*4 plátanos*
*16 lonchas de beicon*
*Aceite de oliva*
*Salsa de manzana:*
*1 manzana*
*1 taza de agua*
*Un chorrito de miel*

## Preparación

1. Pele los plátanos, córtelos en trozos del mismo ancho que las tiras de beicon y reserve las puntas.
2. Envuelva los trozos de plátano con beicon y sujete con un palillo.
3. En una sartén con aceite caliente, fría los pinchos hasta que se dore el beicon. Colóquelos sobre papel de cocina para eliminar el exceso de aceite.
4. Pele la manzana y retire el corazón. Póngala a hervir en un cazo con el agua, las puntas de los plátanos y la miel. Cuando la manzana se ablande, triture la salsa y viértala sobre los pinchos a la hora de servir.

# Espárragos con salsa de uva

## Ingredientes

8 espárragos verdes
Un chorro de aceite de oliva
100 g de azúcar
Una pizca de sal
200 g de foie
Sal
Pimienta

Pan de cereales
Salsa de uva:
1 dl de caldo de carne
2 cucharadas de moscatel
16 uvas peladas y sin pepitas

## Preparación

1. Limpie los espárragos minuciosamente para eliminar los posibles restos de tierra y córtelos en tiras muy finas.
2. En una cacerola con agua hirviendo, escalde los espárragos durante 2 minutos. Escúrralos y dispóngalos en la bandeja del horno con un chorro de aceite, azúcar y una pizca de sal. Introduzca la bandeja en el horno y ase los espárragos a 250 °C durante 5 minutos.
3. Corte el foie en trocitos, salpimiéntelo y hágalo ligeramente en una sartén.
4. Envuelva cada trocito de foie con tiras de espárrago y colóquelos en las rebanadas de pan.
5. Para preparar la salsa de uva, ponga a calentar en un cazo el caldo de carne con el moscatel. Deje reducir hasta la mitad y añada las uvas. Vierta la salsa sobre los pinchos.

# Piña caramelizada

## Ingredientes

*1 tartaleta grande*
*1/2 l de leche*
*3 yemas*
*2 cucharadas de maicena*
*75 g de azúcar*
*25 g de mantequilla*
*Ralladura de 1 limón*
*Piña en almíbar*
*Azúcar para hacer caramelo*

## Preparación

1. Mezcle en un cazo las yemas, el azúcar y la maicena, añadiendo poco a poco la leche previamente hervida.
2. A continuación, agregue la ralladura de limón, bata la mezcla con un batidor y póngalo al fuego.
3. Cuando rompa a hervir, retírelo del fuego, agregue la mantequilla y déjelo enfriar.
4. Una vez hecha la crema pastelera, mézclela con un poquito del almíbar de la piña utilizando un batidor e introduzca la crema en la tartaleta.
5. Corte la piña en trocitos de igual tamaño y póngalos encima de la crema.
6. Para adornar el pincho, derrita azúcar en un cazo. Sobre una superficie lisa, unte un poco de aceite y vierta el azúcar dándole la forma deseada.

# Fresas con pan y chocolate

## Ingredientes

*Pan tostado*
*Fresas*
*Chocolate negro*
*Chocolate blanco*

## Preparación

1. Lave las fresas para eliminar cualquier residuo de tierra y séquelas.
2. Caliente por separado el chocolate blanco y el negro en una cacerola hasta que se derritan.
3. Cubra las fresas introduciéndolas en los diferentes chocolates y espere a que la cobertura se endurezca.
4. Por último, coloque las fresas encima de las rebanaditas de pan tostado.

# Hojaldritos Vega

## Ingredientes

*Volovanes de hojaldre*
*1/2 l de leche*
*3 yemas*
*2 cucharadas de maicena*
*75 g de azúcar*
*25 g de mantequilla*
*Ralladura de 1 limón*
*Café soluble*
*Chocolate líquido*

## Preparación

1. Ponga en un cazo las yemas, el azúcar y la maicena añadiendo poco a poco la leche previamente hervida.
2. A continuación, agregue la ralladura de limón, bata la mezcla con una batidora y póngalo al fuego.
3. Cuando rompa a hervir, retírelo del fuego, agregue la mantequilla y déjelo enfriar.
4. Una vez hecha la crema pastelera, con un batidor mézclela con el café soluble y el chocolate líquido.
5. Rellene las tartaletas con la crema y adorne con pepitas de chocolate.

# Milhojas de kiwi con patata cocida, paté y pasas

Biscotes
Patata
Kiwi
Paté
Pasas

## Ingredientes

## Preparación

1. Utilice biscotes pequeños.
2. Cueza las patatas y déjelas enfriar. Una vez frías, desprenda la piel, córtelas en rodajas de medio centímetro aproximadamente y, con un molde redondo del tamaño del pan, deles forma.
3. Coja una rodaja de paté y con el molde dele la misma forma que a las patatas.
4. Pele el kiwi y córtelo en rodajas del mismo tamaño que las patatas y el paté.
5. Sobre los biscotes coloque la patata, el paté, otra capa de patata y el kiwi.
6. Decore el pincho con las pasas.

# Vieira de frutas rojas

## Ingredientes

*Tartaleta en forma de vieira*
*1/2 l de leche*
*3 yemas*
*3 cucharadas de maicena*
*75 g de azúcar*
*25 g de mantequilla*
*Ralladura de 1 limón*
*Moras*
*Fresones*
*Frambuesas*
*Grosellas*

## Preparación

1. Ponga en un cazo las yemas, el azúcar y la maicena, añadiendo poco a poco la leche previamente hervida.
2. A continuación, agregue la ralladura de limón, bata la mezcla con una batidora y póngalo al fuego.
3. Cuando rompa a hervir, retírelo del fuego, agregue la mantequilla y déjelo enfriar.
4. Una vez hecha la crema pastelera, rellene la tartaleta.
5. Por último, coloque las frutas rojas a su gusto encima de la crema.

# Sándwich de queso con carne de membrillo

## Ingredientes

*Queso curado*
*Carne de membrillo*

## Preparación

1. Corte el queso en triángulos con un cuchillo especial para quesos. Si no dispone de él, puede calentar un cuchillo normal para que el queso se pueda cortar con facilidad.
2. Del mismo tamaño que ha cortado el queso, corte la carne de membrillo.
3. Disponga a modo de sándwich un triangulo de carne de membrillo entre dos triángulos de queso.
4. Adorne el plato con tiras de carne de membrillo encima de cada sándwich.

# Dátiles con beicon y almendras

## Ingredientes

*8 dátiles*
*8 lonchas finas de beicon*
*8 almendras*
*Aceite de oliva*

## Preparación

1. Deseche los huesos de los dátiles y ponga en su lugar una almendra. Tenga cuidado de no romper el dátil.
2. Corte las lonchas de beicon hasta que tengan el mismo tamaño que los dátiles.
3. Envuelva cada dátil con una tira de beicon, formando un rollito, y pinche con un palillo.
4. Coloque los rollitos en una bandeja especial para hornear.
5. Precaliente el horno a 250 °C e introduzca los rollitos durante 3 minutos, aproximadamente, hasta que se dore el beicon.
6. También puede freír los rollitos en una sartén con aceite caliente, en vez de hornearlos, friéndolos en cantidades pequeñas para que el aceite no baje su temperatura y durante poco tiempo; tenga cuidado de que no se quemen.
7. Sirva bien caliente a modo de tapa. Puede adornar con almendras fileteadas.

# Tarta de San Marcos

## Ingredientes

200 g de nata
para montar
*Bizcocho:*
6 huevos
200 g de azúcar
400 g de harina
1 sobre de levadura
200 g de
mantequilla
Sal
*Crema de trufa:*
200 g de cobertura
de chocolate
200 g de nata
montada
*Yema pastelera:*
100 g de azúcar
8 yemas

## Preparación

1. Separe las yemas de las claras. En un cuenco, bata las claras a punto de nieve con una pizca de sal y añada las yemas junto con el azúcar, removiendo sin parar durante 10 minutos hasta conseguir una masa muy fina. Agregue la harina tamizada poco a poco sin dejar de remover y la mantequilla derretida.
2. En un molde rectangular untado previamente con mantequilla y espolvoreado con harina, vierta la masa e introdúzcalo en el horno precalentado a 220 °C durante 20 minutos.
3. Saque el bizcocho del horno y déjelo enfriar.
4. Monte la nata y reserve en la nevera.
5. En un cazo, caliente la cobertura de chocolate y deje atemperar. Mezcle con un poco de nata y guarde en la nevera.
6. Para la yema pastelera mezcle las yemas con el azúcar en un cazo y póngalo a fuego muy lento, removiendo con una varilla hasta que espese; retírelo.
7. Proceda a rellenar el bizcocho, cortándolo primero en tres capas con un cuchillo de sierra. Coloque la primera capa de bizcocho sobre una fuente, añada una capa de crema de trufa, encima otra capa de bizcocho, sobre ésta una capa de nata, otra capa de bizcocho y por último la yema pastelera.

# Bocaditos de nata

## Ingredientes

*Aceite de oliva*
*1/2 dl de nata líquida*
*Azúcar glas*
Masa:
*1 dl de agua*
*Una pizca de sal*
*25 g de azúcar*
*50 g de mantequilla*
*80 g de harina*
*2 huevos grandes*

## Preparación

1. En un cazo, caliente el agua, la sal, el azúcar y la mantequilla y llévelo a ebullición. Cuando dé el primer hervor, retírelo del fuego y añada la harina tamizada de una sola vez, removiendo con una cuchara de madera. Ponga la masa de nuevo al fuego para que se seque sin dejar de remover hasta que quede bastante firme.
2. Coloque la masa en un cuenco, bata los huevos e incorpórelos poco a poco removiendo hasta que queden completamente ligados y la masa tenga un aspecto liso y ligero.
3. Forme bolitas de un tamaño regular y fríalas en cantidades pequeñas en una sartén con abundante aceite caliente, sin que se lleguen a dorar en exceso. Retírelas del fuego y déjelas escurrir sobre papel de cocina. Deje templar y reserve.
4. Monte la nata con un batidor. Antes de hacerlo, asegúrese de que el recipiente, los utensilios y la nata estén bien fríos.
5. Introduzca la nata en una manga pastelera y rellene los bocaditos uno a uno hasta que queden totalmente llenos.
6. Coloque los bocaditos sobre una bandeja o plato llano y espolvoree con azúcar glas.

# Pastelitos rellenos de chocolate

## Ingredientes

*Masa:*
*1 dl de agua*
*Una pizca de sal*
*25 g de azúcar*
*50 g de mantequilla*
*80 g de harina*
*2 huevos grandes*

*Crema:*
*1/2 l de leche*
*3 yemas*
*3 cucharadas de maicena*
*75 g de azúcar*
*25 g de mantequilla*
*Ralladura de 1 limón*
*50 g de cacao*

*Fondant:*
*125 g de azúcar*
*100 g de mantequilla*
*3 onzas de chocolate*
*4 cucharadas de agua*

## Preparación

1. En un cazo, caliente el agua, la sal, el azúcar y la mantequilla y llévelo a ebullición. Cuando dé el primer hervor, retírelo del fuego y añada la harina tamizada de una sola vez, removiendo con una cuchara de madera. Ponga la masa de nuevo al fuego para que se seque, sin dejar de remover hasta que quede bastante firme.
2. Ponga la masa en un cuenco, bata los huevos e incorpórelos poco a poco removiendo hasta que queden completamente ligados y la masa tenga un aspecto liso y ligero.
3. Forme tiras de masa separadas unas de otras sobre la bandeja del horno. Precaliente a 220 °C e introduzca la bandeja durante 35 minutos. Deje enfriar y reserve.
4. Prepare una crema pastelera poniendo en un cazo las yemas, el azúcar, la maicena y añadiendo poco a poco la leche previamente hervida.
5. A continuación agregue la ralladura de limón, bata la mezcla con un batidor y acerque el cazo al fuego sin dejar de remover. Cuando rompa a hervir retírelo del fuego, agregue la mantequilla y el cacao y remueva. Introduzca la crema en una manga pastelera y déjela enfriar.
6. Corte los pastelitos a lo largo y rellene con la crema de cacao.
7. Para preparar el fondant de chocolate, primero eche el agua y el azúcar en un cazo y haga un almíbar. A continuación, deshaga el chocolate en otro cazo puesto al baño maría y añádale el almíbar. Cuando esté templado agregue la mantequilla a la vez que bate. Por último, bañe con una cuchara cada pastelito y déjelos enfriar.

# Tartaletas de crema pastelera

## Ingredientes

*60 g de avellanas*
*60 g de nueces*
*120 g de mantequilla*
*120 g de harina*
*60 g de azúcar*

*Crema pastelera:*
*1/2 l de leche*
*100 g de azúcar*
*6 yemas de huevo*
*50 g de harina*
*Canela en rama*
*Ralladura de 1 limón*

*Yema:*
*1/2 l de agua*
*200 g de azúcar*
*4 yemas de huevo*

## Preparación

1. Pique finamente las avellanas y las nueces. Reserve.
2. En un cuenco introduzca la mantequilla y añada la harina mientras mezcla con la punta de los dedos hasta que forme migas. Incorpore el azúcar, los frutos secos picados y amase hasta conseguir una masa fina.
3. Forme bolas, estire cada una de ellas con la ayuda de un rodillo y forre unos moldes para tartaletas previamente untados con mantequilla. Precaliente y hornee las tartaletas durante 20 minutos a 190 °C.
4. Prepare una crema pastelera poniendo a hervir la leche con la ramita de canela. Cuando dé un hervor, retire del fuego y deje enfriar.
5. En un cazo bata las yemas y el azúcar. Cuando la mezcla quede homogénea añada la harina desleída con un poco de leche fría y mezcle con la leche hervida y la ralladura de limón.
6. Ponga a cocer a fuego suave hasta que espese, con cuidado de que no hierva. Deje enfriar. Introduzca la crema en una manga pastelera y rellene las tartaletas.
7. En un cazo ponga el agua y el azúcar y prepare la cobertura de yema. Cuando dé un primer hervor, añada las yemas al almíbar, retire del fuego y deje reposar 5 minutos. Saque la yema del cazo y deje enfriar.
8. Con la ayuda de una cuchara añada una pequeña cantidad sobre cada pastelito y, para terminar, espolvoree un poquito de canela.

# Índice